Abhandlungen

des

kriminalistischen Seminars

an der Universität Berlin.

Herausgegeben

von

Dr. Franz v. Liszt,

ord. Professor der Rechte zu Berlin.

Neue Folge. Siebenter Band.

Der erste Entwurf eines Deutschen Einheitsstrafrechts.

Waldemar Banke.

1. Heft: **Die Verfasser des Entwurfs 1849.**

Berlin 1912.

J. Guttentag, Verlagsbuchhandlung,

G. m. b. H.

Der erste Entwurf

eines

Deutschen Einheitsstrafrechts.

1. Die Verfasser des Entwurfs 1849.

(Mit einem diplomatisch genauen Abdruck des Entwurfs.)

Von

Waldemar Banke.

Berlin 1912.

J. Guttentag, Verlagsbuchhandlung,

G. m. b. H.

Vorbemerkung.

Der nachfolgende Druck ist die Neuherausgabe eines verloren gegangenen Strafrechtsentwurfs, welcher von Berner und nach ihm von andern Schriftstellern erwähnt wird.

Ein Exemplar dieses Entwurfs, dessen ganze Auflage nach einer nicht nachzuprüfenden Behauptung eingestampft worden sein soll, befindet sich im preußischen Abgeordnetenhause.

Der Neudruck ist kritisch genau, unter Beibehaltung der Seiten und Zeilen des Originals, wiedergegeben, um seine organische Zugehörigkeit zu den vorangegangenen preußischen Entwürfen darzutun.

Inhalt.

„Die umfassendste und fruchtbarste Tätigkeit bleibt endlich der Reichsgewalt zu entwickeln in der Anbahnung gemeinsamer Institutionen zum Nutzen der einzelnen Staaten und des gesamten Reichs. Hier hat sich die Reichsgewalt so recht eigentlich als Gesamtregierung des Reichs zu erweisen und in großen praktischen Gedanken und geeigneten Anregungen die Saaten dauernder Einigung niederzulegen und zu zeitigen."

(Denkschrift zum Entwurf der Verfassung des Deutschen Reichs.)

Einleitung.

Der Grundgedanke jener großen Zeit, die in v. Sybel ihren berufenen Zeichner gefunden hat, kommt in den vorstehenden Worten der „Denkschrift zum Entwurf der Verfassung des Deutschen Reichs" zum Ausdruck.

Die Gefahren einer Geschichtsdarstellung vermindern sich im umgekehrten Verhältnis der Entfernung des Schilderers von den Ereignissen, sodaß sie fast unvermeidlich sind bei politischen Stürmen, in denen der Forscher entweder selbst gestanden hat, oder in denen er aufgewachsen ist.

Ebenso läßt sich kulturelles Fortschreiten erst dann kritisch würdigen, wenn die Zeit gelehrt hat, welcher der ringenden Faktoren sich siegreich durchgesetzt hat.

Selbst in der Darstellung jenes Teils der Rechtsentstehung, der auf den ersten Blick als verhältnismäßig leicht kontrollierbar gehalten werden möchte, der Gesetzgebung, werden einwandsfreie Feststellungen niemals erzielt werden können, es sei denn, der Kritiker wäre in der Lage, alle mitwirkenden Kräfte zu übersehen und gegeneinander abzuwägen.

An dieser Schwierigkeit mußte Berner notwendigerweise in dem Augenblicke scheitern, wo er bei Darstellung der Entstehungsgeschichte des preußischen Strafrechts infolge der politischen Zeitereignisse das Aktenmaterial, aus dem er bisher geschöpft, nicht mehr weiterhin zur Verfügung hatte.

So nur ist es erklärlich, wenn er die Fortführung des preußischen Strafrechts-Revisionswerkes durch die Märzereignisse des Jahres 1848 für unterbrochen erklärt und die Publikation des Strafgesetzes im Jahre 1851 als durch die Wirren der Revolutionsjahre aufgeschoben hält. Und naturgemäß ist diese Ansicht, weil Berners Beschreibung sich sonst auf einwandsfreies Aktenstudium stützt, Überlieferung geworden.

Diese Lücke in der Geschichtsschreibung wäre so schwerwiegend nicht, um eine eingehende und neue Behandlung zu rechtfertigen, wenn nicht gerade die Arbeiten jener Zeit für Deutschlands Strafrecht und vor allem für den Kampf um das Eindringen der französischen Strafanschauungen in ganz Preußen und damit folgeweise in das heutige Deutsche Reichsstrafrecht den Ausschlag gegeben hätten.

Zwar erwähnt Berner als Ausfluß der Arbeiten des Jahres 1849 einen „Entwurf eines allgemeinen deutschen Strafgesetzbuchs", ohne ihm jedoch durch näheres Eingehen auf Entstehungsgeschichte und Ziele, wie sonst, gerecht zu werden. Und doch muß er ihn, den seither verschollenen, auch dem Inhalte nach gekannt haben; er hätte sonst nicht zu der treffenden Bemerkung kommen können: „Im Wesentlichen ist dies der Entwurf von 1850."

Die mit dem Neudruck dieses Entwurfs von 1849 verknüpfte Untersuchung versucht einen Nachweis seiner Entstehungsgeschichte sowie seines Zusammenhanges mit den bis dahin geleisteten Gesetzgebungsarbeiten auf dem Gebiet des deutschen Strafrechts.

Über den zur Erreichung eines derartigen Zwecks einzuschlagenden Weg konnten Zweifel bestehen, solange Nachforschungen im literarischen Material ohne jeden Erfolg blieben. Doch mußten schließlich die eingangs angestellten Erwägungen auf das Studium der Zeitgeschichte einerseits und Prüfung der vorhandenen Akten der gesetzgebenden Organe verweisen.

Es wird daher der erste Teil der Ausführungen in die Geschichte des Einheitsgedankens führen, die jedoch nur insoweit Berücksichtigung finden kann, als die Idee neben der politischen eine geistige Einigung ganz Deutschlands erstrebt. Darum fällt auch jenes politische Moment der „Freiheitsbestrebungen" von vornherein jenseits der hier gezogenen Linie.

Andererseits aber sollen einige weiter berührte wirtschaftliche Einigungsbestrebungen zeigen, wie sehr die Gemeinsamkeit der Interessen als einende Kraft seinerzeit unterschätzt worden ist. v. Sybel hat als Erster auf den außerordentlichen Fortschritt der Einheitsidee durch die Gründung des Zollvereins hingewiesen. Immerhin wird später die Frage noch näher zu prüfen sein, ob nicht gerade daran das Einigungswerk zugrunde ging, daß infolge Verwechslung von Ursache und Wirkung die Einheit durch Schaffung eines geschlossenen Ganzen für erzwingbar galt, aus dessen Schoße nun erst wieder die gleichen Verhältnisse hervorgehen sollten.

Die Erklärung: „Das Ganze war zur Einheit noch nicht reif" kann nichts anderes bedeuten, als was die Geschichte erwiesen hat: Die Einigung war nur möglich, wenn vorher die inneren, vorzüglich die wirtschaftlichen, Grundlagen allenthalben die gleichen waren. Ausgelöst wurde aber dann erst das Einigungswerk durch einen von außen wirkenden Umstand: Durch die Kriegsgefahr, welche den Bestand des Ganzen in Frage stellte.

Knapp fünfzig Jahre vorher war die von außen drohende Gefahr selbständig nicht geeignet, den Staatenblock zusammenzufügen, weil die an sich durch wirtschaftliche Verschiedenheit bedingte Kluft zwischen den einzelnen Bundesstaaten ebenso wie ihr Partikularismus dezentralisierend wirkte.

Aus der folgenden Übersicht über die Einheitsidee und aus den Belegen der Gesetzgebungsakten wird sich der Entwurf des Jahres 1849 als der erste von Preußen gelegte Grundstein erweisen lassen, als die offizielle Arbeit der Regierungsgewalt des versuchten Deutschen Reichs, die, vermittelnd zwischen dem altpreußischen Strafrecht und den französischen Strafrechtsanschauungen, über das Preußische Strafgesetzbuch des Jahres 1851 die Grundlage des zurzeit geltenden Strafrechts geschaffen hat.

Nicht nur unmittelbar an die „alten Frankfurter", sondern ans ganze Land richtete Bismarck am 1. April 1885 seinen Ausspruch, für die Einigung habe ihm Frankfurt vorgearbeitet. Und wirklich konnten die, welche in den vierziger Jahren ihr Höchstes an die Verwirklichung einer Idee verwandt hatten, sich mit Stolz sagen: Daß der Reichsgedanke verwirklicht und besonders so verwirklicht war, konnte nur geschehen nach allen Stürmen jener Jahre mit ihrer Summe von Arbeit und Idealen.

„Nur aus der Einheit der materiellen Interessen erwächst die geistige, und nur aus beiden die Nationalkraft; welchen Wert aber haben alle unsere Bestrebungen ohne Nationalität und ohne Garantie für die Fortdauer dieser Nationalität?"
(Friedrich List: Nationales System der politischen Oeconomie. 1. Bd. 1841.)

I. Teil.

Einheitsbestrebungen.

A. Der Einheitsgedanke.

Läßt sich auch heute erklären, daß die Entwicklung des Einheitsgedankens zu keiner Zeit einen Stillstand aufzuweisen hat, so wird ein Umriß seiner Geschichte doch am besten ebenfalls die bisher gebräuchliche Trennung in zwei Abschnitte einhalten.

Allerdings geschieht dies nur zu dem Zwecke, um durch Gegenüberstellen beider die Fehler darzutun, an denen notwendig das ganze Reformwerk scheitern mußte, auch wenn im Jahre 1849 Preußen eine äußere Einheit durchgesetzt hätte.

Die üblichen Darstellungen zählen zum ersten Abschnitt das von den Freiheitskriegen veranlaßte Erwachen des Einheitsgedankens bis zu einem willkürlich angenommenen Ende, gekennzeichnet durch die Bundesakte des Jahres 1822; die zweite Folge dagegen rechnet seit dem Regierungsantritt Friedrich Wilhelms des Vierten im Jahre 1840. Die hierzwischen liegende Zeit kommt allgemein für die Grundlegung des einigen Deutschlands nicht in Betracht.

Dabei ist gerade unter dem in der Einleitung zum Ausdruck gebrachten Gesichtspunkte durch Anpassung und Ausgleichung der wirtschaftlichen Verhältnisse besonders in jener Zeit ohne Aufsehen mehr geschaffen worden, als später mit allen Bemühungen zu erreichen war, da Souveränität und Partikularismus als Gegenpole hemmend eingriffen.

Wie sehr diese im Stillen wirkenden Kräfte seinerzeit durch Friedrich List anerkannt worden sind, zeigt neben oben angeführtem Wort sein ganzes Streben, das in Schaffung einer wirtschaftlichen Einheit durch gemeinsame Münz-, Wechsel- und Handelsgesetzgebung gipfelte.

Der Gedanke war nicht neu. Schon bei Beratung der Bundesakte ging von Preußen die Anregung aus, durch Schaffen eines gemeinsamen Münz-, Zoll- und Postwesens, sowie durch ein „deutsches Gesetzbuch" auch innerlich ein Annähern der Staaten unter sich zu fördern.

Daß Preußen nicht zum Ziele kam, hatte äußerlich seinen Grund in dem Betonen der Souveränität durch die Königreiche, die von ihren Rechten nicht das Geringste preiszugeben gedachten, zumal ihnen diese durch Österreich gleichsam als Lohn der Bundesgenossenschaft gewährleistet waren.

Der innere Grund dürfte in der ganzen Entstehungsart des Einheitsgedankens zu suchen sein.

Schon im Jahre 1812 trug sich Stein in Petersburg mit dem Plan einer kommenden Bundesverfassung. Die Idee eines großen „Deutschen Reichs" war mit den Jahrhunderten so zur Überlieferung geworden, daß der völlige Mangel an Lebensfähigkeit nicht in Rechnung gezogen wurde, sondern der gegenwärtige Zustand nur als vorübergehende Schwäche galt. Dies zeigt sich am besten darin, daß niemand sich ein Wiedererstehen des Reichs anders, als in seiner früheren Form, d. h. mit Österreich an der Spitze, vorstellen konnte.

Wenn nun 1813 aus allen Teilen Deutschlands die Freiwilligen zu den Fahnen eilten, so geschah dies nur in Rückwirkung auf den von außen Deutschland belastenden Druck, und wahrscheinlich hat kaum einer der Streiter die Waffen ergriffen zur Erkämpfung der „Deutschen Einheit“, sondern nur zum Erzwingen von Deutschlands „Freiheit“.

Jetzt zeigte sich erst, welche Macht die Geschlossenheit nach außen hin darstellte, und in dieser Erkenntnis verlangten die Flugschriften des Jahres 1813, wie viele andere Stimmen, als Sicherung gegen äußere Feinde die Einheit. Damit war also im Grunde nur der Wunsch nach eigener Sicherheit der Vater des Einheitsgedankens.

Die schon erwähnten Bestrebungen Preußens nach wirtschaftlicher Einigung auf dem Wiener Kongreß hatten nur den Zweck, die bisher noch lose Vereinigung festzuhalten.

Der bei dieser Gelegenheit auftauchende Plan eines einheitlichen „Deutschen Gesetzbuchs“ ist damit, soweit sich feststellen läßt, zum ersten Male von Amts wegen vor die Öffentlichkeit getreten.

Das einzige von Preußen Erreichte, was dafür aber den Grundstock seiner weiteren Einheitspolitik bildete, war ein Zusatz des in Artikel 11 gewährleisteten Bündnisrechts der Einzelstaaten untereinander, insofern durch Artikel 6 eine freiwillige Abtretung einzelner Souveränitätsrechte statthaft war.

Damit war ein von Preußen im Jahre 1818 getaner und zuerst allseits bekämpfter Schritt nachträglich von den Staaten anerkannt worden. Preußen hatte damals seine offenen Landesgrenzen durch Erheben von Zöllen gesperrt und beantwortete alle Angriffe mit dem Vorschlage, die kleineren Staaten sollten sich diesem Zollsystem anschließen. Nach der ablehnenden Haltung Österreichs, Hannovers und Holsteins trat nur der Fürst von Schwarzburg-Sondershausen auf Preußens Seite.

Auf dem Rechtsgebiet fand die Einheitsidee in den folgenden Jahren bis 1830 ihren Niederschlag in mehreren privaten Strafrechtsentwürfen. Die Beteiligung aller Kreise an den öffentlichen Fragen war zu jener Zeit so rege, daß es in Ermangelung jeden Hinweises zweifelhaft bleibt, ob durch solche Arbeiten der Gesetzgebung eines erhofften Reiches vorgearbeitet werden sollte, oder ob sie lediglich der Rechtsentwicklung durch Schaffen einer Kodifikation dienen sollten.

Welche Schwierigkeiten hier zu überwinden waren, zeigt der Einblick in die Kontroversen, welche das strafrechtliche Revisionswerk Preußens in den zwanziger Jahren veranlaßte. Nachdem erst einmal der von v. Savigny bekämpfte Kodifikationsgedanke siegreich geblieben, war immerhin noch zweifelhaft, ob innerhalb eines Landes, in dem nicht weniger wie vier Strafrechte galten, überhaupt an eine Kodifizierung gedacht werden könne, ohne daß auch zugleich durch Einheit des Verfahrens die Möglichkeit der gleichmäßigen Anwendung gewährleistet sei.

Die Geschichte des preußischen Reformwerkes ergibt, daß die Anhänger einer Kodifikation ohne gemeinsames formelles Recht trotz ihres Sieges zuletzt das eine oder das andere nicht durchführen konnten.

Es dürfte an dieser Stelle die Tatsache von Interesse sein, daß allenthalben, wo Einheitsbestrebungen überhaupt auftauchten, stets ein einheitliches Gerichtsverfahren als unerläßliche Voraussetzung betrachtet wurde.

Die weiteren Schicksale der erwähnten preußischen Einigungspläne auf wirtschaftlichem Gebiet zu verfolgen kann unterbleiben, da nur die Feststellung ihrer Erfolge für das Fortschreiten des Einigungswerks ins Gewicht fällt.

Es glückte endlich im Jahre 1833, einen geschlossenen Zollbund ins Leben zu rufen und dadurch die Notwendigkeit einer gleichen Vertretung der als gleichartig erkannten wirtschaftlichen Interessen auf dem Gebiete des Handels darzutun. Gleich in den ersten Konferenzen trat Württemberg im Jahre 1836 mit dem Antrag hervor, durch Festlegen gewisser Punkte den Anhalt zur Ausarbeitung eines Handelsrechts zu geben. Doch konnte von einer Einheit auf diesem Gebiete auch jetzt noch nicht die Rede sein, selbst dann nicht, wenn auf Grund gemeinsamer Beschlüsse gleiche Gesetzbücher ausgearbeitet worden wären. Wohl konnte auf diesem Wege allgemeines gleiches, niemals aber gemeines Recht geschaffen werden, da die Rechtsnatur des Deutschen Bundes gesonderte Veröffentlichung durch jeden einzelnen Staat erfordert hätte.

Das wurde später übersehen, als z. B. die Nationalversammlung in Frankfurt im Jahre 1848 eine „allgemeine Wechselordnung" annahm. Diese konnte, solange der Bund bestand, niemals gemeines Reichsrecht werden, ganz abgesehen davon, daß das

Frankfurter Parlament mit einem solchen Werk seine Befugnisse überschritt.

Die von Württemberg ausgehende Anregung blieb ohne Folgen wegen des Mangels an Vertrauen, das die Allgemeinheit zu den bestehenden Verhältnissen hatte.

Auch hier wurde verkannt, daß die Entwicklung des Handels unter gleichen Voraussetzungen folgerecht zu ähnlicher Behandlung führen mußte. Groß war daher das Erstaunen, als die drei Jahre später festgelegten Entwürfe Preußens, Sachsens und Württembergs (aus den Jahren 1839/40) besonders in den Hauptpunkten übereinstimmten. Dabei blieb unberücksichtigt, daß bei allen dreien als Quelle das bisher allgemein gebräuchliche und hergebrachte Recht — ein gerade auf handelsrechtlichem Gebiet ausschlaggebender Faktor — anzusehen war.

Trotzdem dauerte es noch fünf Jahre, bis abermals Württemberg auf der achten Zollkonferenz den weiteren Schritt unternahm und eine einheitliche Wechselordnung vorschlug. Wenn auch damit nur allgemeines Recht sich bilden konnte, so hatte ein solches Gesetz nunmehr den außerordentlichen Vorzug, das Resultat einer den wirtschaftlichen Verhältnissen angepaßten, vorwärts drängenden Entwicklung zu sein. Und darin lag auch die Stärke dieser später zustande gekommenen Gesetzbücher, die sich aus eigener Kraft ihre Geltung erzwangen. Es ist wahrscheinlich, daß alle anderen Gesetze, welche später auf Grund einer geglückten Einheit geschaffen worden wären, ihren inneren Halt verloren hätten, sobald sie nur als Mittel, die Einigkeit fester zu gestalten, den Ausfluß einer Vereinbarung auf gemeinsamer Grundlage und nicht den Endpunkt einer langen Entwicklung dargestellt hätten. Das hat nicht weniger deutlich die Geschichte unseres Reichsstrafgesetzbuchs gezeigt, das nur ein mit Rücksicht auf einzelne Verhältnisse abgeändertes preußisches Gesetz ist. Ein Gesetz allerdings, das in einer Ausarbeitung während des Zeitraums von zwanzig Jahren Gelegenheit hatte, den Verhältnissen und Bedürfnissen sich anzupassen und dadurch für jene Zeit wenigstens und für den Augenblick zu einem Reformwerk besonderen Ranges zu werden.

Damit endet die rechtliche Einheitsentwicklung in Preußen und wird aufgenommen durch jene Bestrebungen der Jahre

1848 und 1849. Von außerordentlicher Wichtigkeit für das Verständnis der weiteren Rechtsgeschichte ist eine von nun an völlig getrennte Behandlung der rechtlichen Reformbestrebungen von den rechtlichen Einheitsbestrebungen.

Es wird notwendig sein, darauf hinzuweisen, daß außer kurzen Streifen auf das wirtschaftliche Gebiet, für die Folge nur die strafrechtlichen Einheitsbestrebungen betont sind. Dies liegt jedoch weniger an dem Vorwurf, welcher eine solche Richtung rechtfertigt, als vielmehr daran, daß unter dem damals üblichen Schlagwort: „Rechtseinheit" überhaupt zunächst gemeinsame Strafgesetzgebung verstanden wurde.

Und das hatte wieder seinen natürlichen Grund, insofern allenthalben das Hereinbrechen der neuen Zeit eine Revision der in den Strafgesetzen niedergelegten Anschauungen notwendig gemacht hatte. Am deutlichsten spiegelt sich dies wider für den, welcher in der Lage ist, eine Anzahl aufeinanderfolgender Strafrechtsentwürfe zu vergleichen, und nichts kennzeichnet diese wechselseitigen Beziehungen mehr, als die Tatsache, daß ein in einer Revolutionszeit entstehender Entwurf sich von dem vorhergehenden durch Fortschreiten mit den neuen Ideen ebenso unterscheidet, wie ein nachfolgender demgegenüber den Rückschlag widerspiegelt.

Wie gesagt, es war in der natürlichen Lage der Dinge begründet, daß allenthalben in Deutschland die gesetzgebenden Faktoren eine zeitgemäße Revision des geltenden Strafrechts in Angriff zu nehmen im Begriffe standen. Und deshalb war der Gedanke naheliegend, bei der wiedererwachten Einheitsidee am ersten diesen zufälligen Umstand für die Praxis auszunutzen.

Aus diesem Grunde ist auch hier noch nicht der Gedanke einer originären unabhängigen Schöpfung zum Durchbruch gelangt.

„Wir begrüßen diese Anfänge als die ersten Schritte zur Verwirklichung des großen Gedankens eines allgemeinen deutschen Rechtes, den wir in bester Pflege halten werden."

(Programm der „Deutschen Zeitung".
Heidelberg, 8. Mai 1847.)

B. Die Reformbewegung.

1. Das Volk: „Recht eigentlich war für den größten Teil des Volkes der Kern der Märzbewegung mehr das freiheitliche, als das einheitliche gewesen. Nur die politisch Höherstehenden hatten das letztere in den Vordergrund geschoben". In diesem Sinne urteilt Biedermann über den Charakter der Revolutionsbewegung, so daß auch für diese Zeit gilt, was schon vorher über den Geist der Freiheitskriege gesagt ist.

Und wirklich ging die Entwicklung den Weg, daß, als im Jahre 1830 die Pariser Revolution ihren Einfluß in Deutschland geltend machte, niemand an eine tatsächlich doch schon bestehende Einheitsbestrebung dachte. Nur einige verfassungsrechtliche Neuerungen waren das erreichte Resultat. Auch das Jahr 1848 hätte daran nichts geändert, wenn nicht gewisse Kreise ihre rechtlichen Einheitsideen in bestimmte Form gebracht hätten. Das Sonderbarste dabei ist, daß gerade diese Bemühungen, die doch alles andere, als einen politischen Hintergrund hatten, bei den Regierungen nicht nur auf kein Entgegenkommen, sondern sogar auf Unterdrückung stießen.

So fanden beispielsweise die Anwaltsversammlungen, die in den vierziger Jahren mit der Losung: „einheitliches und gemeinsames Recht für ganz Deutschland" Rechtseinheit erstrebten, keine Stätte ihrer Beratungen, da ihnen die Regierung teils das Land verschloß, teils die Teilnahme an der Bewegung untersagte.

Die geringste solcher Forderungen war die von den beiden Beseler, den Grimms, Dahlmann, Waitz und anderen angeregte Wiederherstellung der altgermanischen Schöffen- und Schwurgerichte.

Amtlich traten die Rechtseinigungsversuche zu fast gleicher Zeit an zwei verschiedenen Punkten auf. Württemberg, das schon auf handelsrechtlichem Gebiet, wie erwähnt, mehrfach bahnweisend hervorgetreten war, schlug im Jahre 1847 ein einheitliches Strafrecht vor. Und im Norden arbeitete v. Mühlenfels-Greifswald eine Anregung aus, die er an die preußische Regierung sandte.

Nach einer Bemerkung Beselers in seinen Memoiren ist alle Ursache, anzunehmen, daß dieser Vorschlag v. Mühlenfels' nur der Ausdruck einer in den dortigen Kreisen herrschenden Stimmung war.

Das Schicksal dieser Denkschrift, mit der sich die preußische Regierung offiziell befaßt hat, läßt sich nicht feststellen, da in den Akten des Justizministeriums ein Vermerk zu finden ist, wonach jene Anregung weder jemals zu diesen Akten, noch zu jenen des Staatsministeriums gekommen sei. Daß die Regierung zu einer solchen Richtung im Inneren aber Stellung genommen hatte, oder doch wenigstens nehmen wollte, geht aus der Tatsache hervor, daß der Minister der Gesetzgebung Rinteln die Denkschrift eingefordert hatte.

Das Jahr 1847 ist kennzeichnend für die Wiederbelebung des Einheitsgedankens. Der Grund wird darin zu suchen sein, daß sich am Anfang dieses Jahres die Hoffnungen, die das Jahr 1840 auf die Erfüllung der Versprechungen von 1815 durch den Regierungswechsel erweckt hatte, eintreten zu wollen schienen. Der 3. Februar 1847 war für viele der Anbruch einer neuen Zeit, und allzufrüh hieß der durch Patent von diesem Tag gesicherte Landtag der „erste preußische Reichstag".

Im Mai traten hervorragende Vertreter der Geisteswelt mit dem Programm einer zu gründenden Zeitung vor die Öffentlichkeit, in dem zuerst weniger Wert auf die nach außen auftretende Form der Ideen, als vielmehr auf die innere geistige Einheit gelegt wurde.

Nach Aufstellung eines Programms war kein weiter Schritt mehr zu einer, wenn auch anfangs nur losen, Vereinigung. Im September des gleichen Jahres fanden auch an mehreren Orten gemeinsame Vorbesprechungen statt, als deren Wirkung wahrscheinlich die Anträge Bassermanns und v. Gagerns zu betrachten sind. Jener brachte in der württembergischen, dieser in der hessen-darmstädtischen Kammer einen Antrag auf Herbeiführung eines „deutschen Parlamentes" ein.

Dieser Vorstoß war erfolglos. Wie die freiheitliche, so hatte auch die geistige Einheitsbestrebung ebensowenig für sich allein die Kraft, auf irgend einem Gebiet sich durchzusetzen.

Die Pariser Februarrevolution hatte in Deutschland sofort die Volksbewegung veranlaßt. Am 27. Februar des folgenden Jahres setzte eine Volksversammlung zu Mannheim in zwölf Artikeln die Forderungen des Volkes fest. Maßgebend waren hierbei aus naheliegenden Gründen nur politische Gesichtspunkte, so daß ein weiteres Eingehen hierauf sich an dieser Stelle wohl erübrigt.

Im Gegensatz zu den weitestgehenden Forderungen versammelte sich in Heidelberg am 5. März eine Partei von 51 Gemäßigten mit der ausgesprochenen Absicht, eine gewisse Grundlage für die zu erwartende Verfassung zu schaffen. Bei diesem Vorgehen fällt, abgesehen von dem Vorschlage einer „volkstümlichen Verfassung“, in das Rechtsgebiet nur die tatsächliche Anregung zu einer einheitlichen Zivil- und Strafgesetzgebung, sowie ein ebensolches Gerichtsverfahren.

Die gleichen hier treibenden Kreise erließen besondere Einladungen zu einer Versammlung, die Ende März als das später sogenannte „Vorparlament“ zusammentrat. Aus dessen Mitgliedern setzte sich ein Ausschuß von 50 Männern zusammen, der auf monarchisch-konstitutioneller Grundlage in einer Tagung von sechs Wochen seine Beratungen zu Ende führte. Das Ergebnis war ein von 17 Vertrauensmännern durchberatener und gutgeheißener, durch Dahlmann und Albrecht verfaßter Entwurf einer Reichsverfassung.

Der Gang der Ereignisse war nun nicht mehr aufzuhalten. So entschloß sich denn in dieser Erkenntnis der Bundestag, an die deutschen Regierungen die Aufforderung zur Wahl für eine Nationalversammlung ergehen zu lassen. Als Richtlinie für dieses Parlament faßte der Bundestag die Aufgabe der Versammlung in die Worte: „zwischen den Regierungen und dem Volke das deutsche Verfassungswerk zustandezubringen“.

Staatsrechtlich blieb infolgedessen der Deutsche Bund in vollem Umfange nach wie vor bestehen, so daß dem Parlament nur für einen einzelnen Fall — den eben gekennzeichneten — eine Vermittlerrolle zugewiesen war. Die Teilnehmer der Versammlung galten als Vertreter des Volkes und ihr Amt mußte in dem Augenblick seine Endschaft erreicht haben, in dem entweder die Verfassung von dem Volk, in Gestalt der Nationalversammlung, dem Deutschen Bund zur Genehmigung unterbreitet, spätestens jedoch, sobald eine endgültige Entscheidung der Regierungen gefallen war.

Deshalb war es auch — wie vorher schon kurz angedeutet — als Überschreitung ihrer Befugnisse anzusehen, wenn die Nationalversammlung durch den Reichsverweser am 26. November 1848 eine „allgemeine Wechselordnung" publizierte und auf diesem Wege gemeines Reichsrecht begründen zu können glaubte. Ebenso muß folgerecht jener Versuch als verfehlt angesehen werden, der zu der Beratung des Entwurfs eines „allgemeinen Handelsrechts" führte.

Von den ganzen Verhandlungen über grundlegende Fragen, die das Jahr 1848 ausfüllten, muß leider hinsichtlich der Einheit auf Strafrechtsgebiet hier gesagt werden, daß alle Fragen dieser Materie durch die Beratungen über die allgemeinen Grundrechte in den Hintergrund gedrängt wurden. Außer einer einzigen Bestimmung des Artikels 64 der Reichsverfassung findet sich in den Protokollen der Sitzungen nichts, was auf ein näheres Eingehen in solcher Richtung hinweist.

Es wurde hierdurch kurzerhand der Reichsgewalt die Schaffung einer einheitlichen Gesetzgebung auf den Gebieten des Handels-, Zivil- und Strafrechts zur Pflicht gemacht. Über die Frage eines eventuell vorliegenden Bedürfnisses, sowie über irgendwelche Einzelheiten wurde nicht erst debattiert.

Gegen Ende Januar 1849 wurde die erste Lesung der Reichsverfassung beendet und diese durch den Vorsitzenden Heinrich v. Gagern den Regierungen zur weiteren Behandlung und Äußerung übermittelt.

2. **Die Regierungen:** Sofort nach Beendigung der ersten Lesung des Reichsverfassungsentwurfs beschritt der Präsident der Nationalversammlung den richtigen Weg, indem er den Entwurf durch eine Zirkularnote vom 28. Januar 1849 sämtlichen deutschen Regierungen zustellen ließ. Entsprechend der vom Bundestage ausgegebenen Ordre, das Parlament solle eine Verfassung zwischen Volk und Regierungen vermitteln, ersucht

v. Gagern die einzelnen Staaten, sich zu den Grundgedanken zu äußern und gegebenenfalls Gegenansichten zur Beratung durch den Verfassungsausschuß zu übermitteln.

Unterstützung fand der Entwurf sofort durch die preußische Regierung, welche sich schon am 23. desselben Monats im Prinzip mit der Verfassung einverstanden erklärte. Preußen nahm von Anfang an nach zwei Richtungen hin unzweideutig Stellung. Für sich selbst nahm es, wie ausdrücklich betont wurde, keine andere Stellung in Anspruch, als ihm seine eigene Bedeutung anwiese, und ferner bedeutete die Regierung, daß sie eine andre Stellung nur nach freier Übereinstimmung der übrigen Staaten anzunehmen gedächte. Die Folgezeit hat gelehrt, daß Preußen diesen Grundsätzen treu geblieben ist.

Für Österreich enthielt die Note andrerseits einen Wink dahin, daß es nicht berechtigt sei, eine Vereinigung des übrigen Deutschlands zu hindern, sofern es sich nicht in der Lage sähe, dem Einheitsstaate beizutreten. Zugleich erging an die Königreiche die Warnung, durch allzugroße Überspannung des Souveränitätsgedankens das Einigungswerk zu Falle zu bringen.

Was die früher von manchen Seiten bestrittene Berechtigung einer Initiative des Parlamentes zum Einbringen des Verfassungsentwurfs anlangt, so wurde diese bei der Gelegenheit von Preußen ausdrücklich anerkannt.

Doch blieb Preußen hierbei nicht stehen: Durch seinen Bevollmächtigten veranstaltete es mehrfach Konferenzen mit den übrigen Regierungen, um sie zum Anschluß zu bewegen. Baden, sowie fünfundzwanzig kleinere Staaten erklärten daraufhin nacheinander ihre Zustimmung.

Österreich ließ zunächst die Anfrage des Parlamentes völlig unbeantwortet, um dann später seine Ansicht bis nach der zweiten Lesung zu vertagen. Die Folge war eine ablehnende Antwort der vier Königreiche, die nicht einem Staate beitreten wollten, von dem sich Österreich ausschloß.

Eine am 4. Februar 1849 erscheinende österreichische Note stellte den Sachverhalt so dar, als habe Österreich die Absicht einer Zustimmung gehabt, sei aber davon abgekommen, da sich mit Preußen ein Abkommen nicht habe erzielen lassen.

Die weiteren Vorgänge im Schoße des Parlaments und der

Regierungen haben hier kein Interesse; genug, Österreichs Haltung beeinflußte die fernere Behandlung der Verfassungsfrage dahin, daß beim Abschluß der Beratungen am 28. März das Parlament sich bei der Wahl des Vorstandes der Reichsgewalt für Preußen entschied und damit dieses für die Zukunft offiziell an die Spitze der deutschen Einheitsbestrebungen stellte.

Warum dann der König die Kaiserkrone ablehnte, darüber geben die Akten des Staatsministeriums keinerlei Auskunft. Da auch aktenmäßig über diese wichtige Entscheidung keinerlei Begründung vorliegt, läßt sich nur annehmen, daß der Entschluß des Königs aus seiner eigenen Person und Anschauung floß. Sprach hierbei wirklich die Rücksicht auf das Nachbarreich mit, so hatte sich das Wort Bekkeraths bewahrheitet: „Das Warten auf Österreich ist das Sterben der deutschen Einheit".

3. Die Reichsverfassung vom 28. März 1849: Eine weitere Frage ist jedoch für die Folge von höchster Wichtigkeit.

Artikel 64 der R.-V. vom 28. März 1849 lautet:

„Der Reichsgewalt liegt es ob, durch die Erlassung allgemeiner Gesetzbücher über bürgerliches Recht, Handels- und Wechselrecht, Strafrecht und gerichtliches Verfahren die Rechtseinheit im deutschen Volke zu begründen."

Wäre hierdurch gemeines deutsches Reichsrecht geschaffen worden? Der Punkt ist — soweit es Arbeiten der Nationalversammlung anbetraf — an oben genanntem Wechselrecht früher schon in verneinendem Sinne entschieden worden, ohne daß an jener Stelle eine eingehende Begründung hätte erfolgen können.

Hierzu muß die rechtliche Stellung des Frankfurter Parlamentes näher beleuchtet werden, wobei den damals laut werdenden Stimmen — weder der Regierung, noch der Versammlung — keinerlei Bedeutung beigelegt werden kann. Der Streit ist vielmehr nur auf Grund des Aktenbefundes mit Hilfe des Staatsrechtes zu lösen.

Als oberstes Organ des Deutschen Bundes war seit der Bundesakte vom 8. Juni 1815 und deren Ergänzung durch die Wiener Schlußakte vom 15. Mai 1820 der Bundestag oder die Bundesversammlung anzusehen.

Das oben geschilderte Entstehen des Vorparlamentes ergibt das Fehlen jeden amtlichen Elementes, das erforderlich gewesen wäre, ihm nach irgendeiner Richtung hin ein Delationsrecht zu verleihen. Nur eine freie Versammlung unabhängiger Männer, konnte sie auch nur die Anregung zum Schaffen eines Gebildes geben, das erst wieder auf Grund des ihm vom Bunde durch seine gesetzmäßigen Organe verliehenen Rechtes seine Beschlüsse faßte. Jede Inanspruchnahme eines Rechtes auf Grund einer Delation des Vorparlamentes stritte gegen den Grundsatz des: nemo plus iuris transferre potest, quam ipse habet. Andrerseit kann eine eigenmächtige Erweiterung seiner Befugnisse durch das Parlament selbst niemals als Recht statuiert werden, wenn es auch am Widerspruch der Regierungen gefehlt hätte.

Rechtlich war das Vorparlament lediglich eine Gemeinschaft von Patrioten, welche einer erwarteten Volksvertretung die zusammengefaßten Volkswünsche zur Beratung an die Hand geben konnten. Inwieweit die Nationalversammlung alsdann das ihr zur Verfügung gestellte Material berücksichtigen wollte, blieb ihr vorbehalten.

Hatte sich nun die Bundesversammlung am 30. März 1849 dahin schlüssig gemacht, dem Drängen der Allgemeinheit nachzugeben, so mußte ihr auch das Recht zugestanden werden, die Befugnisse der zu erwählenden Versammlung festzulegen. Daß dies durch die Bestimmung geschehen ist, das zu wählende Parlament solle: „zwischen den Regierungen und dem Volke das deutsche Verfassungswerk zustande bringen“, unterliegt keinem Zweifel.

Hierdurch ist somit die Nationalversammlung nur der Vermittler zwischen Regierungen und Volk; sie ist aber keineswegs als d a s Organ — und zwar das gesetzgebende — sondern nur als e i n Organ des Reiches anzusehen, dessen sich die Regierung bediente, um einen Staatszweck — nämlich das Verfassungswerk — zu erfüllen.

Ebenso wie die Bundesversammlung stets von den ihnen übergeordneten Regierungen abhängig blieb, mußte das Parlament an ihre Stelle einrücken, sobald die Bundesversammlung am 12. Juli 1849 der provisorischen Zentralgewalt:

„namens der deutschen Regierungen die Ausübung ihrer verfassungsmäßigen Befugnisse und Verpflichtungen“

übertragen hatte.

Und mit der Schlußwendung:

„Mit diesen Erklärungen sieht die Bundesversammlung ihre bisherige Tätigkeit als beendet an“

tritt ohne weiteres das Parlament an Stelle des Bundestags. Aber auch jetzt gilt der oben genannte Rechtssatz: Selbst wenn vom Bundestag beabsichtigt, so hätte doch niemals eine Unabhängigkeit von den Regierungen entstehen können. Auch das Parlament, als Ersatz der Bundesversammlung, blieb abhängig von den Regierungen.

Schuf also das Parlament, ganz entsprechend seiner Aufgabe, eine Reichsverfassung, so war sie ein Initiativantrag an die Regierungen, der erst seine rechtliche Sanktion erhielt, sobald sämtliche Regierungen auf dem verfassungsmäßigen Wege sich seine Grundsätze zu eigen gemacht und gesetzmäßig verkündet hatten.

Sobald aber die Nationalversammlung, abweichend von der ihr gewiesenen Bahn, selbständig Gesetze entwarf und gar publizierte, stand sie außerhalb des Rechtsbodens. Daran vermag auch die Tatsache nichts zu ändern, daß durch die Versammlung ein Reichsministerium gegründet war, aus dessen Mitte die Arbeiten auf durchaus geschäftsmäßigem Wege hervorgingen. Auch jene oft angeführte Wendung, die Regierungen hätten durch ihr Stillschweigen das Einverständnis erklärt, hilft nicht darüber hinweg, denn: „Hundert Jahre Unrecht ist keine Stunde Recht“. Und unrechtmäßig war das Vorgehen der Versammlung. Zudem läßt sich der Satz vom stillschweigenden Zustimmen nur dort anwenden, wo zwei gleichgestellte Parteien einem übergeordneten Gesetz unterworfen sind. Daß dem aber bei den damaligen Verhältnissen zwischen Regierungen und Nationalversammlung nicht so war, dürfte die vorstehende Ausführung zur Genüge ergeben haben.

Die Regierungen waren unabhängig und niemand hatte ihnen eine Frist zu setzen.

„Preußen wird, falls die anderen Regierungen es im Stiche lassen, äußersten Falls allein mit einem Verfassungsentwurf vor die Nation treten."
(v. Radowitz.)

C. Das Dreikönigsbündnis.

Das Einigungswerk war, darüber kann heute kein Zweifel mehr bestehen, mit dem Augenblick der Ablehnung der Kaiserkrone zu Falle gekommen, wenigstens was den bisher eingeschlagenen Weg anbetrifft. Allen weiteren Tagungen des Parlamentes war, nachdem seine Aufgabe: die „Vermittelung einer Reichsverfassung" mißglückt, der rechtliche Grund entzogen. Seine weiteren Schicksale scheiden somit für die Strafrechtsgeschichte aus.

Schon am entscheidenden Tage, dem 3. April 1849, ergriff Preußen die Initiative und erbot sich durch Rundschreiben an die deutschen Regierungen zur einstweiligen Übernahme der Zentralgewalt. Es forderte zugleich nach allen Seiten auf, sich zur Verfassungsfrage zu äußern, um auf dieser Grundlage vielleicht doch noch zu einer Verständigung zu gelangen. Allein schon in einer weiteren an die Gesandten ergangenen Zirkularnote vom 28. April mußte die Regierung zugeben, daß für ihre Bemühungen so gut wie kein Erfolg zu hoffen sei.

Zwar tat Preußen am gleichen Tage noch einen Schritt weiter, indem es sämtliche Regierungen nach Berlin zu Konferenzzwecken entbot, doch folgten ihm für den 17. Mai nur Österreich, Sachsen und Hannover. An diesem Tage trat zum ersten Male General v. Radowitz hervor, die eigentlich treibende Kraft der Bewegung. Von ihm entstammen die am Eingang dieses Abschnittes angeführten Worte, die den Schlüssel für Preußens ferneres Vorgehen enthalten.

Österreich und Bayern schieden gleich am Anfang wieder aus den Verhandlungen aus, zu denen also nur noch Preußen, Hannover und Sachsen vertreten blieben.

Mit welcher Energie Preußen seinen Weg verfolgte, zeigen die eigenmächtigen Verhandlungen, die es schon vor Zusammentreten der Konferenzen am 9. Mai mit Österreich gepflogen hatte. Diesem wurde ein „Unionsprojekt" — ausgearbeitet durch

v. Radowitz — unterbreitet, das Österreichs Verhältnis zu dem erstrebten Reich regeln sollte, ein Vorschlag, der übrigens von Österreich mit dem Bemerken abgelehnt wurde, es könne nicht mit einem erst noch zu schaffenden Gebilde verhandeln.

In den weiteren Konferenzen der drei Königreiche, die in der Nacht vom 26. zum 27. Mai zu Ende kamen, fanden die weiteren Verhandlungen einer neuen Reichsverfassung auf Grund eines von Preußen vorgelegten Entwurfs statt.

Der 26. Mai brachte ein vorläufiges Bündnis der drei bisher beteiligten Staaten, das später sogenannte „Dreikönigsbündnis". Preußen erhielt hierbei einstweilen die Oberleitung der zu ergreifenden erforderlichen Maßnahmen.

Die in dem Akte verheißene, der Frankfurter nachgebildete, Reichsverfassung wurde vom 28. Mai 1849 datiert; am 11. Juni erschien dazu eine sie auslegende Denkschrift.

Als Gesichtspunkte, welche an dieser Stelle zu berücksichtigen sind, müssen hervorgehoben werden: Einmal ist die Einberufung des Reichstags zur Vereinbarung des vorzulegenden Verfassungsentwurfs vorgesehen und zum andern liegt die gesetzgebende Gewalt in den Händen des Reichstags und der Regierungsgewalt, die sich wiederum aus Reichsvorstand und Fürstenkollegium zusammensetzt.

Außerdem verdient der Umstand Erwähnung, daß der oben angezogene Art. 64 der Frankfurter Verfassung mit dem § 61 der neuen Reichsverfassung übereinstimmt.

II. Teil.

Das Reichsstrafrecht.

A. Preußens Strafrechtseinheit.

Das Preußen vom Jahre 1850 bot, was sein Strafrecht anbelangt, ein getreues Abbild des früheren römischen Reiches deutscher Nation:

Nicht weniger, wie vier verschiedene Strafgesetze beherrschten die einzelnen Provinzen. Und besonders wurde tief empfunden, daß in einem Teil des Reichs Handlungen unter Umständen mit sehr schweren Strafen belegt wurden, die anderwärts überhaupt nicht als strafbar galten. Stand auch die Kultur einiger Teile Preußens auf anderer Höhe, wie die des Rheinlandes, so war der Unterschied immerhin nicht derart, daß er so verschiedene Auffassungen gerechtfertigt hätte.

Am leichtesten erklärlich waren diese Abweichungen noch bei den Fleischesdelikten, die der romanische Charakter des code pénal ungleich milder ansieht, als das gemeine deutsche Strafrecht, oder dessen Personifikation: das ALR.

Nur der Vollständigkeit halber sei hier der nicht allgemein bekannten Tatsache gedacht, daß in einem Bayern benachbarten Teile Preußens, Hohenzollern-Sigmaringen, als jenes vierte Strafgesetz das badische Strafrecht Geltung hatte.

Zwar rechnet die Geschichte des preußischen Revisionswerkes stets vom Jahre 1826, als dem Punkte, an dem die Arbeiten zuerst begonnen wurden. Die Klarlegung der Einheitsfrage des preußischen Strafgebietes macht jedoch ein weiteres Zurückgreifen erforderlich.

Wie schon gleich nach Fertigstellung des ALR. beträchtliche Mängel des vom Strafrecht handelnden Titels zugegeben werden mußten, und wie diesen durch Novellengesetzgebung abgeholfen werden sollte, zeigen alle Lehr- und Handbücher der damaligen Rechtsgeschichte. Hiervon sei also abgesehen, da nicht eine Strafrechtsgeschichte, sondern die Entwicklung der Einheitsidee des Strafrechts gegeben werden soll.

Der oben hervorgehobene Umstand, daß das ALR. vorläufig in einzelnen Punkten als mangelhaft erklärt war, führte, wie gesagt, zuerst nur auf Verbesserung dieser Schwächen. Aber schon am Ende des achtzehnten Jahrhunderts ergriff der König die Initiative und ordnete eine völlige Revision des ganzen Titels an; ebenso wie 1736 nur der Plan bestand, ein Gesetzbuch in Form einer einfachen Revision der CCC. zu veranstalten, wovon jedoch dann Abstand genommen wurde.

Bei den nötigen Vorarbeiten taucht zum ersten Male der Gedanke an eine Scheidung zwischen Kriminal-Prozeßordnung und materiellem Recht auf, indem das Kgl. Reskript vom 8. Dezember 1799 den Revisor beauftragt mit: Revision des 20. Titels u n d Herstellung einer „Kriminalordnung“.

Die Folge wird zeigen, wie weit noch der Weg zur Erreichung des gesteckten Zieles war, das auf eine völlige Scheidung zwischen materiellem und formellem Recht ging. Noch in den spätesten Entwürfen finden sich trotz der bald ausdrücklich anerkannten Notwendigkeit einer Scheidung immer wieder Ansätze einzelner formeller Vorschriften.

Es muß ohne weiteres angenommen werden, daß die Revision des 20. Titels vorerst nur als eine Umarbeitung des ALR. gedacht war, die wiederum unter gleichen Formen in das Gesetz eingefügt werden sollte.

Selbstverständlich hätte sich ihr Geltungsbereich aber nur auf die Gebiete des ALR. beschränkt.

Damit war auch der kommenden Kriminalordnung ihre Geltungsgrenze gezogen. Keinesfalls wäre sie auf das Rheinland erstreckt worden, da noch vierzig Jahre später nur mit Zögern die Aufhebung des in den dortigen Provinzen geltenden Rechts ins Werk gesetzt wurde.

Besondere Verhältnisse veranlaßten indes den König, noch im Jahre 1800 von seinem ursprünglichen Plane abzugehen und nur den Teil des Strafrechts zu publizieren, der über Brandstiftungen, Räubereien u. a. m. handelt.

Nun stieß aber seine neue Absicht auf den Widerstand der von ihm eingesetzten Gesetzkommission, die sich seine Revisionsidee im ursprünglichen Sinne zu eigen gemacht hatte. Sie beantragte eine Revision des gesamten Strafrechts, welchem Antrag der König durch den Erlaß vom 8. Oktober 1801 Folge gab.

Damit war die fernere Bahn beschritten. Die zu der Zeit entstandenen Revisionsarbeiten geben denen der zwanziger und dreißiger Jahre an Arbeit nichts nach. Bemerkt sei hier nur, daß die eingesetzte Kommission ihre Aufgabe nunmehr in dem Sinne auffaßte, ein Strafgesetzbuch für die gesamte Monarchie zu entwerfen.

Es wurde bereits hervorgehoben, daß anfangs Zweifel darüber entstanden, ob das ALR. nur in einzelnen Punkten, oder im Ganzen revidiert werden sollte. Das Resultat der hierüber angestellten Erwägungen war, daß der ganze Titel umgearbeitet werden sollte, und notwendig ergab sich jetzt die weitere Frage, ob lediglich eine Umarbeitung oder eine völlige Neuschaffung vorzunehmen sei.

Die Entscheidung hierüber blieb einstweilen unerledigt. Doch muß schon damals die Einführung des neu zu entwerfenden Strafrechts in der ganzen Monarchie beabsichtigt gewesen sein. Bei den Akten findet sich nämlich als erstes Dokument einer Bearbeitung ein undatierter und ungezählter „Entwurf eines allgemeinen Strafrechts für die Preußischen Staaten. Teil I. Strafrecht."

Daraus ist zweierlei zu schließen: Das neue Gesetz war als Strafrecht für die gesamten preußischen Staaten gedacht und ferner: Teil I sollte das materielle, Teil II das formelle Strafrecht enthalten.

Diese Absicht der Regierung konnte nicht, wie später im Jahre 1843, weitere Kreise ziehen, da die Arbeiten des Ministeriums völlig intern waren und blieben, während später die Stände zur Mitarbeit herangezogen oder die Öffentlichkeit von dem Entwurf in Kenntnis gesetzt wurden.

Ein weiterer Beweis, daß dieses neue Gesetz ursprünglich als einfache Revision des ALR. gedacht war, liegt in der Signierung der Generalakten des Justizministeriums, die als „Umarbeitung des 20. Titels des ALR." angelegt sind.

Dieser Zeitraum geht offiziell bis zum Jahre 1826. Als eigentlichen terminus a quo des Revisionswerkes wird man aber das Jahr 1814 zu betrachten haben, und zwar aus folgendem Grunde:

Der im Jahre 1826 ernannte neue Revisor Bode benutzte zu seinen weiteren Arbeiten jenen zuletzt erwähnten Entwurf, griff jedoch mit Benutzung der Praxis, Gesetzgebung und Wissenschaft auf alle Neuerscheinungen seit dem Jahre 1814 zurück, in welchem Jahre der Entwurf im Grunde genommen schon fertig gestellt war. Es ist auch in der Folge die Frage, ob ein Gesetzbuch für die gesamte Monarchie oder für einzelne Provinzen herzustellen sei, gar nicht erst mehr erörtert worden, da dieser Punkt ohne weiteres als erledigt galt.

Weil nun ein Einheitsgesetzbuch als Erfordernis angesehen wurde, mußten folgerecht die Gesetze der übrigen Provinzen, ja auch auswärtiger Staaten berücksichtigt werden, damit in das zu schaffende Ganze die zweckmäßigsten Bestimmungen aufgenommen werden konnten.

Nur in Befolgung dieses Gesichtspunktes entschloß sich die Regierung im Jahre 1843, den revidierten Entwurf den Provinzlandtagen vorzulegen. Zweck war, den einzelnen Provinzen Gelegenheit zu geben, den Entwurf daraufhin zu prüfen, ob für ihre Bedürfnisse durch Aufnahme entsprechender Bestimmungen gesorgt sei. Die Landtage sollten also vermitteln zwischen dem allgemein als notwendig empfundenen Bedürfnisse und dem Entwurf als solchem.

Die Wissenschaft wurde durch Drucklegung des Entwurfs zu öffentlicher Kritik veranlaßt.

Es muß aus den vorerwähnten Gründen n o c h , oder vielmehr g e r a d e, heute als durchaus ungerechtfertigtes Vorgehen des Rheinischen Provinziallandtags angesehen werden, wenn dieser von vornherein den Entwurf von 1843 verwarf mit der Aufforderung an die Regierung, einen neuen Entwurf auf der Grundlage des code pénal auszuarbeiten und diesen für das Rheinland gesondert zu publizieren.

Vor allem wurde vorerst überhaupt das Vorliegen irgend eines Bedürfnisses für das Rheinland nach einem neuen Strafrecht geleugnet und als Grund zur Ablehnung des vorgelegten Entwurfs der Einwand gemacht, er sei auf das in den Provinzen geltende Prozeßverfahren nicht anwendbar.

Von politischen Gesichtspunkten völlig abgesehen, kann heute gesagt werden, daß der ganze Widerstand des Rheinlands sich nicht gegen den Wert des Entwurfs von 1843 richtete, sondern daß das ganze Verhalten des Landtags dem ängstlichen Bestreben entsprang, von vornherein jeden etwa möglichen Angriff auf die rheinischen Rechts-Institutionen abzuwehren.

Befürchtet wurde eingestandenermaßen vor allem, es sei auch eine Abänderung des Assisenverfahrens beabsichtigt. Doch täuschte diese Furcht, da die Regierung zu der Zeit an eine Einheit im Kriminalverfahren nicht mehr dachte.

Aus dieser Befürchtung heraus kam auch das betonte In-den-Vordergrundrücken der Kriminal-Ordnung. Deshalb auch — weil eine Anwendbarkeit auf die bestehende Ordnung nicht für möglich galt und weil eine Abänderung derselben den schärfsten Widerstand gefunden hätte — der Antrag eines gesonderten Gesetzbuches.

Der Einwand, es bestehe kein Bedürfnis nach einem neuen Gesetzbuch war aber zugleich eine erhebliche Selbsttäuschung. Wie denn schon von der Regierung gleich anfangs hervorgehoben wurde, daß diejenigen, welche in dieser Frage so votiert hätten, teils das rheinische Strafrecht überhaupt nicht näher beherrschten, teils über die wahren Verhältnisse nicht unterrichtet seien.

Ganz gewiß blieb bei Aufstellung dieser Behauptung der wahre Charakter des auf dem code pénal beruhenden rheinischen Strafrechts außer Betracht. Das rheinische Strafrecht spiegelt noch die Anschauungen des durch die Zeitumstände bedingten und aus ihnen heraus entstandenen napoleonischen Zeitalters wider. Während aber die Franzosen auch sofort nach deren Erkennen den veränderten Verhältnissen Rechnung trugen, indem sie 1830 ihre Normen gerade bezüglich der Strafandrohungen einer umfangreichen Revision unterzogen, wollte das Rheinland auf einer anderen Kultur und nach weiterer Entwicklung Rechtsanschauungen beibehalten, die dem Charakter des Volkes und den Zeitfortschritten nicht mehr entsprachen.

Nicht mit Unrecht ist zu allen Zeiten darauf hingewiesen worden, daß ein Strafrecht stets den Bedürfnissen eines Volkes, aber auch seinem Empfinden zu entsprechen hätte. Wie sehr der Zeitgeist strafrechtliche Neuschaffungen beherrscht, zeigt einmal die Tatsache, daß nach Revolutionen, die getragen sind durch veränderte Anschauungen, überhaupt stets neue Strafgesetze entstehen, daß diese ferner je nach dem zur Herrschaft gelangenden Prinzip milder oder strenger sind, daß aber schließlich vor allem die Geschichte des Strafrechts mit Steigerung der Kultur eine durchgehends milder werdende Auffassung des Strafrahmens zeigt.

Ohne Rücksicht nun auf solche Gesichtspunkte bleibt nur das Bestreben des Rheinlands, eine eigene Kodifikation zu besitzen.

Damit ist eine alte Streitfrage gestreift, welche die wissenschaftliche Welt im Jahre 1813 in zwei feindliche Lager getrennt hatte; und es berührt eigenartig, den alten Gegner jedes Kodifikationsgedankens, v. Savigny, jetzt in seiner Eigenschaft als Minister Preußens amtlich die Kodifikation des Strafrechts gegen das Rheinland verfechten zu sehen. Allerdings muß einschränkend gesagt werden, daß einmal die Kodifikationsfrage an sich schon im Innern der Regierung entschieden war, und daß zum andern v. Savigny nun daraus nur die Konsequenzen zog.

B. Der Entwurf von 1848.

Der ständische Ausschuß hatte am 6. März 1848, nachdem er durch Propositionsdekret vom Dezember 1847 auf den Januar 1848 einberufen war, seine Beratungen über den ihm vorgelegten Entwurf vom Jahre 1847 — den sogenannten „achten" — nach 33 Sitzungen beendet. Damit war nach herrschender Anschauung das jahrzehntelang betriebene Gesetzgebungswerk Preußens ins Stocken gekommen.

Wie wenig eine solche Annahme gerechtfertigt ist, ergeben die Akten des Justizministeriums. Bisher blieb die gewiß merkwürdige Tatsache ununtersucht, daß trotz verschwindender Ansätze eines Eindringens des französischen Rechts im Entwurf 1847 plötzlich nach angeblich kurzer Arbeit des Jahres 1850 der code pénal im preußischen Strafrecht seinen überragenden Einfluß geltend gemacht haben soll.

Und in der Tat hat, wie die weitere Entwicklungsgeschichte lehrt, gerade das Jahr 1848 jene völlige Neubearbeitung des preußischen Strafrechts gebracht, die Koch zu der etwas weitgehenden Bemerkung veranlaßte, die Revisionsgeschichte sei ganz unfruchtbar für das heutige Recht.

Mag auch zugegeben werden, daß mit dem Augenblick, wo die rheinischen Bestrebungen siegreich durchdrangen, einem Teile altpreußischer Doktrin das Todesurteil gesprochen war, so hat doch der Kern des preußischen Rechts, das auf Grund langjähriger Erfahrungen und Entwicklung den damaligen Rechtsbedürfnissen unbedingt entsprach, widerstanden.

Schon zwei Wochen nach der Tagung des ständischen Ausschusses legte v. Savigny eine Denkschrift vor, welche die erforderlichen Richtlinien zur ferneren Behandlung des Revisionswerkes enthielt. Die Zwischenzeit hatte er dazu benutzt, um eine Zusammenfassung aller vom ständischen Ausschusse beantragten Abänderungen herzustellen.

In ihrer überwiegenden Mehrzahl empfahl er sie im ganzen zur Annahme, die in einzelnen Fällen sich schon aus der bei den

Beratungen erteilten Zustimmung der Regierungsvertreter von selbst ergebe.

Bei manchen Bestimmungen wiederum verstärkte er die vom Ausschusse mitgegebenen allgemeinen Gründe, während er eine geringe Anzahl unter eingehender Erwägung entweder ablehnte, oder aber ihr Gegründetsein in Zweifel zog und sie deshalb zur neuen Durchberatung anempfahl.

Wurden bisher für die Verzögerung im Erscheinen des neuen Gesetzbuchs die Märzereignisse verantwortlich gemacht, so lehrt einerseits die Geschichte der vorher angedeuteten Kämpfe des französischen mit dem deutschen Recht das Gegenteil, zum andern ergibt sich aus der Denkschrift, daß die entscheidenden Arbeiten gerade in diese Zeit des Stillschweigens fallen.

Vielmehr dürften eher jene Ereignisse und das fieberhafte Bestreben der damaligen Zeit, ein möglichst vollständiges Einigungswerk zustandezubringen, antreibende Wirkung ausgeübt haben.

v. Savignys Vorschlag ging nun dahin, sobald als möglich jenen dem ständischen Ausschuß vorgelegten und dort durchberatenen Entwurf vom Jahre 1847 mit den erwähnten Abänderungsvorschlägen für eine Veröffentlichung reif zu machen. Er sah hierfür eine Durcharbeitung vor, die in den Händen der beiden Ministerien liegen sollte. Doch erachtete er hierfür die Mitarbeit der seinerzeit durch besonderen Ruf mit der Teilnahme an den Beratungen des ständischen Ausschusses betrauten rheinischen Juristen Bischoff und Simons für erforderlich.

Dies Überwiegen rheinländischen Einflusses hat Koch vom weiteren Mitarbeiten ferngehalten. Er hatte zwar, wie er selbst sagt, zu mehreren Malen durch Besprechungen an den Arbeiten teilgenommen, ist aber über das ganze Werk ziemlich wenig unterrichtet, wenn er dieses kurzerhand mit der Angabe erledigt, es seien „wie man sagt“ neun Entwürfe zu zählen.

Nach alledem war nun der neue Entwurf in v. Savignys Augen fertiggestellt, denn von der für später vorgesehenen Vorlegung bei dem vereinigten Landtag erwartete er nicht derartige Ausstellungen, daß dadurch die Publikation verzögert würde.

Die weiteren Arbeiten sollten sich unter Außerachtlassung einer Prüfung des Inhalts nur auf die Form beschränken. In

Anlehnung an den Beschluß der Immediatkommission vom 21. Juli 1847 beantragte sodann der Minister, die Textredaktion den beiden Ministern, dem Staatssekretär, sowie den Herren Bischoff und Simons zu übertragen.

Inwieweit diese grundlegenden Vorschläge zur Tat geworden sind, ist aus den Akten des Justizministeriums nicht mehr zu ermitteln. Darüber könnten nur die Akten des Ministeriums für Gesetzgebung Aufschluß geben, welche aber neben vielem andern Material nach dem Mißglücken des neuen Bundes anscheinend vernichtet worden sind, da weder das Geheime Staatsarchiv, noch die in Frage kommenden Ministerien diesbezügliche Akten aufweisen.

Für eine ununterbrochene Weiterarbeit — und das vermutlich im Sinne v. Savignys — spricht aber ein Schreiben des ao. österreichischen Gesandten v. Trautmannsdorf, der sich den — wie er glaubt schon vollendeten — nach „rheinischem Muster ausgearbeiteten" Entwurf erbittet. Daraus läßt sich annehmen, daß die Öffentlichkeit, mindestens aber die Regierungen, über die Strafrechtspläne Preußens unterrichtet waren.

Die am 10. Juli erfolgende Antwort, wonach der Entwurf noch nicht vollendet sei, ist insofern kennzeichnend, als ohne Eingehen auf den Inhalt der Anfrage durch schweigende Zustimmung das „rheinische Muster" indirekt anerkannt wurde.

Im August griff dann zum ersten Male die Frankfurter Nationalversammlung in die Gesetzgebung ein, und zwar durch Annahme des Gesetzes über Abschaffung der Todesstrafe.

Diese bedingungslose Ablehnung veranlaßte den König weiterwirkend

> „in Hinsicht auf die bevorstehende Revision des Strafrechts"

infolge der Wichtigkeit der Frage, die von ihm für Preußen gewünschte Sanktionierung zu versagen und durch königliche Botschaft vom 12. Oktober 1848 die Frage an die zur Vereinbarung der Verfassung berufene Versammlung zurückzuverweisen.

Damit sind alle Arbeiten beendet.

Ohne jede Motive oder weitere Vorarbeiten findet sich kurz darauf ein neuer „Entwurf eines Strafgesetzbuchs", und merkwürdigerweise ohne den sonst üblichen Zusatz „für die preußischen Staaten".

Die chronologische Anordnung der Akten läßt aus der Einheftung des Entwurfs zwischen zwei Urkunden aus dem Jahre 1848 unbedingt erkennen, daß dieser Entwurf im Jahre 1848 hergestellt und noch in dem gleichen Jahre zu den Akten gelegt sein muß.

C. Das erste gemeine Reichsrecht.

Das im ersten Teile dargestellte geschichtliche Material gibt allein schon soviel Aufschluß, um den Entwurf des Jahres 1849 fast mit Sicherheit als das zu erkennen, was er war: als ein von Preußen auf Grund der ihm durch die Verfassung vom 28. Mai 1849 gegebenen Machtbefugnis gemachter „Versuch eines gemeinen deutschen Strafrechts".

Bisher war die Annahme vertreten, der Entwurf von 1849 sei als Arbeit des Frankfurter Parlamentes anzusehen.

Doch ist dem Folgendes entgegenzuhalten:

Allerdings war durch den Artikel 64 der Reichsverfassung vom 28. März 1849 dem kommenden Reich das gesamte Rechtsgebiet als in seine Kompetenz fallend überwiesen worden. Ja, die Nationalversammlung hatte schon diese Anregung praktisch aufgegriffen, indem sie, wie vorher betont, gegen ihre Befugnisse eine allgemeine Wechselordnung publizierte. Und diese hatte das Parlament durch Einsetzung eines besonderen Reichsjustizministeriums — an seiner Spitze v. Mohl — erst selbständig geschaffen. Auch ein allgemeines Handelsrecht war unter ihm durch Wiedenmann in Angriff genommen, jedoch nicht über den allgemeinen Teil hinausgediehen.

Sollte nun, so ist die berechtigte Frage, v. Mohl, der in seinen Erinnerungen ziemlich ausführlich über das Geleistete berichtet, nicht erst recht einen unter seiner Leitung fertiggestellten Strafrechtsentwurf erwähnen, wo er doch den Torso des Handelsrechts zu behandeln nicht vergißt?

Oder hätten ebenso alle anderen seinerzeit am Parlament recht zahlreich sich beteiligenden Juristen in ihren Schriften die für das Strafrecht nicht gerade unwichtige Tat verschwiegen?

Von viel größerem Gewicht erscheint aber die Tatsache, daß

die erwähnten beiden Arbeiten des Parlamentes naturgemäß am Ort der Tagung selbst erschienen sind, wohingegen als Druckort des Entwurfs von 1849 sich Berlin angegeben findet. Zudem hätte einer Arbeit der Nationalversammlung ein Hinweis nicht gefehlt, von wem der Entwurf ausgegangen wäre. Auf keinen Fall jedoch hätte sich in dem Vorwort eine Stelle finden können, wonach die Verfasser sich persönlich für die Beibehaltung der Todesstrafe aussprachen; in dem Entwurf einer verfassunggebenden Versammlung, die in Art. 139 der Verfassung ausdrücklich die Todesstrafe abschafft!

Es widerspricht dem aber noch eine fernere Bemerkung des Vorwortes zum Entwurf:

> „indessen ist diese Frage nicht nur in den deutschen Grundrechten, sondern auch in der Gesetzgebung einzelner deutscher Staaten bereits im entgegengesetzten Sinne entschieden worden . . ."

da in der Zeitfolge die Festlegung der Grundrechte und die dadurch veranlaßte Abschaffung der Todesstrafe vorausgegangen sein muß, so daß der Entwurf 1849 nur n a c h der Nationalversammlung und nach Publizierung des Gesetzes über Abschaffung der Todesstrafe in den einzelnen Staaten entstanden sein kann.

Ausschlaggebend dürfte jedoch eine nähere Prüfung des Inhaltes des Entwurfes [1]) sein, von dem hinsichtlich seiner Abstammung an dieser Stelle vorläufig nur gesagt werden kann, daß eine Untersuchung der Revisionsgeschichte des preußischen Strafrechts das überraschende Resultat ergibt, daß bereits im Jahre 1848 bei den Akten des preußischen Justizministeriums sich jener erwähnte Entwurf findet, der nicht nur einerseits fast gleichlautend mit dem Entwurf 1849 ist, sondern sich auch nach seiner ganzen Zusammensetzung als eine Umarbeitung des vorhergehenden preußischen Entwurfs von 1847 ausweist.

Wird schließlich berücksichtigt, daß das im Jahre 1851 in Preußen publizierte Gesetz den organischen Zusammenhang mit dem Entwurf 1849 nicht verkennen läßt, so ist kaum zweifelhaft, daß, wie sich noch genauer feststellen lassen wird, der Entwurf 1849 preußischen Ursprungs ist.

[1]) Diese Untersuchung folgt als weiterer Teil: „Der Entwurf 1849 als Bindeglied des Deutschen Strafrechts."

Dadurch muß eine andere Frage in Erwägung gezogen werden, nämlich die, ob etwa Preußen im allgemeinen Interesse diese seine Arbeiten einem Dritten zur Verfügung gestellt hat und ob etwa aus diesen Vorarbeiten der Entwurf 1849 herausgearbeitet worden ist.

Doch muß auch das verneint werden. Einmal findet sich in den Akten kein Gesuch einer dritten Person oder eines anderen Staates, welches in dieser Richtung zielte. Zum andern zeigen wiederholte Ablehnungen auf Anfragen nach Einsichtnahme der Akten das Bestreben der Regierung, vor Fertigstellung eines reifen Entwurfs niemandem einen Einblick in die Gesetzgebungsarbeiten zu geben. Gerade in dieser Hinsicht finden sich mehrere derartige Gesuche und die darauf ergangenen ablehnenden Bescheide.

Demgemäß wird der Entwurf von 1849 wohl sicher mit Recht dem Frankfurter Parlament nicht zugerechnet.

Nach dem vorher über seine Herkunft Gesagten läßt sich der Zusammenhang mit Preußen ohne weiteres annehmen, wobei nur noch weiter zweifelhaft sein könnte, ob hier eine amtliche Publikation oder eine Privatarbeit vorliegt, wie sie jene Zeit auf allen Gebieten gezeitigt hat.

Die einfachste Lösung wäre ja nun die gewesen, durch Einsicht der gesamten Verlagsverträge des Königreichs Preußen mit der geheimen Hofdruckerei v. Decker, wo der Entwurf erschienen ist, den Charakter als Staatspublikation festzustellen.

Bedauerlicherweise ist aber über den Verbleib des Archivs des Deckerschen Verlags trotz eingehender Bemühungen nichts zu ermitteln, ebenso wie sich der Aufenthalt der über das Jahr 1830 hinausreichenden Verträge, die sich bis zum genannten Jahre auf dem preußischen „Geheimen Staatsarchive“ vorfinden, nichts feststellen läßt.

Wenn sich also in dieser Hinsicht nichts mit Sicherheit sagen läßt, so liegt doch für den amtlichen Charakter des Druckes insofern eine Vermutung vor, als einmal bis dahin der Verlag seit Ausgabe des ALR. stets zu offiziellen Publikationen solcher Art benutzt worden ist, und noch die offizielle Ausgabe des Reichsstrafgesetzbuchs im Jahre 1871 durch v. Decker erfolgte.

Doch vermag dies, wie gesagt, lediglich eine Vermutung zu

begründen. Zu sicherem Resultate bedarf es eines Eingehens auf die Reichsverfassung des Dreikönigsbündnisses vom 28. März 1849.

Hervorgehoben wurde bereits, daß der § 61 dieser Verfassung übereinstimmt mit jenem Artikel 64 der ersten Reichsverfsasung, wodurch der Reichsgewalt die Verpflichtung zur Schaffung eines gemeinsamen Strafrechts auferlegt wird.

Nun ist Preußen, dem nach § 66 die Würde des Reichsvorstandes zufiel, durch die Bundesakte vom 26./27. Mai mit der Führung und Oberleitung ausdrücklich beauftragt worden, bis der einzuberufende Reichstag die Reichsverfassung im Verein mit der Regierung zum Gesetz werden ließe.

Nach § 76 hat ferner das Fürstenkollegium unter dem Vorsitze des Reichsvorstandes das Recht des Gesetzesvorschlages, während der Reichsvorstand — also Preußen — nach § 82 die Regierungsgewalt „unter Zustimmung und in Verbindung mit dem Fürstenkollegium ausübt“.

Die Sachlage ist nach alledem die, daß Preußen, als Reichsvorstand, ausdrücklich mit der Ausführung der verfassungsmäßigen Pflichten beauftragt, durch amtliche Publikation des Strafrechtsentwurfs 1849 nur seinen, in den vorstehend angezogenen Bestimmungen festgelegten, Pflichten nachgekommen wäre.

Ist dies der Fall gewesen? Es läßt sich wenigstens so gut wie sicher annehmen und auf folgende Gründe stützen:

Zum ersten ist trotz der fehlenden Archive nachzuweisen, daß der v. Deckersche Verlag gerade um die in Rede stehende Zeit von Preußen als amtlicher Publikationsverlag benutzt worden ist. Der auf Anregung Preußens in Berlin zusammengetretene Verwaltungsrat, jenes zur Beratung der Reichsangelegenheiten geschaffene Organ, veröffentlichte amtlich durch Druck im genannten Verlag seine Verhandlungen. Da in diesen Veröffentlichungen auch der Entwurf der Reichsverfassung festgelegt war, und sich die Tagesliteratur sofort ihrer bemächtigte, entging die Reichsverfassung dem Schicksale des gesondert erschienenen Entwurfs von 1849. Es ging, nachdem die Verfassung im Buchhandel erschienen war, nicht mehr an, sie wie den Strafrechtsentwurf 1849 zu vernichten.

Sonst wäre auch sie zweifelsohne ebenso behandelt worden, wie Biedermann von der Verfassung in Sachsen erzählt. Danach hat die Verfassung des Dreikönigsbündnisses im Satz bereits fertig gestanden, damit sie sofort erscheinen konnte. Da aber dem Könige durch Abmachungen mit Österreich die Hände anderweit gebunden gewesen, sei der Satz wieder zerstört worden.

Zum andern weist die Drohung Preußens durch v. Radowitz darauf hin, daß es auf jeden Fall seine Pläne durchzusetzen beabsichtigte. Wenn nun auch der Entwurf der Reichsverfassung ausdrücklich als von Preußen, Hannover und Sachsen ausgehend bezeichnet wurde, so lag diese Hervorhebung daran, daß dadurch erst ein zu schließender Bund bekannt gemacht wurde, während nachher bei Publikationen dieses neuen Gebildes ein solcher Hinweis nicht mehr nötig war. Wenn um diese Zeit ein „allgemeines deutsches Strafgesetzbuch" im Entwurf erschien, so konnte in derselben Zeit damit gerechnet werden, daß eben nur die Organe Gesetzes-Publikationen unternehmen würden, die augenblicklich das Recht hierzu hatten, oder sich doch offiziell nahmen.

Kommt noch hinzu, daß Preußen die Ausarbeitung des Verfassungsentwurfs in die Hand genommen hatte, indem es obendrein dem Vorstande die Pflicht zur Vereinheitlichung der Gesetzgebung auferlegte, so wird die Annahme nicht fehlgehen, daß Preußen durch Edition des Strafrechtsentwurfs 1849, dessen ganze Zusammensetzung ja auf preußische Ausarbeitung hindeutet, seinen verfassungsmäßigen Pflichten nachgekommen und der Entwurf als der erste Versuch eines gemeinen Reichsstrafrechts anzusehen ist.

Der Hinweis auf die Verfasser im Vorwort widerspricht diesen Ausführungen nicht. Es ist zu berücksichtigen, daß der Entwurf, der dem einzuberufenden Reichstag vorgelegt werden sollte, als Akt der Regierungsgewalt aufzufassen ist, den der Regierungsvorstand nur in Gemeinschaft oder vielmehr unter Zustimmung des Fürstenkollegiums ausführen darf. Wenn nun „die Verfasser", also die drei Regierungen, nicht mit der Abschaffung der Todesstrafe einverstanden sind, so stimmt das mit den Tatsachen insofern überein, als Preußen und Sachsen von Regierungswegen Anhänger der Todesstrafe waren. Es ist also bei Abfassung des Entwurfs nur auf jene noch aufzunehmende Staaten Rücksicht genommen worden, die die Todesstrafe bereits auf Grund des § 139 der Frankfurter Verfassung abgeschafft hatten.

Und wäre dieser Entwurf des Strafrechts nun Reichsrecht im Sinne eines „gemeinen Rechtes" geworden?

Unzweifelhaft! Während zur Zeit der Nationalversammlung der „Deutsche Bund" noch zu Recht bestand, konnte dort ein Gesetz — eigentlich ein Gesetzesvorschlag — wie z. B. die Abschaffung der Todesstrafe nur durch besondere Publikation in den Einzelstaaten Gesetzeskraft erlangen. Das Dreikönigsbündnis hätte jedoch bei Inkrafttreten eine Zentralgewalt gehabt als Urheberin eines allgemeinen und gemeinen gleichen Rechtes!

Kaum fehlgehen wird ferner die Ablehnung der Ansicht, der Entwurf könne eine Privatarbeit sein. Zwar ist erstaunlich, mit welchem Eifer in jenen Tagen sich alle Kreise teils durch Vorschläge, teils durch Kritiken an den wichtigsten Arbeiten beteiligten. Aber aus den Akten geht gewiß hervor, daß die Regierung alle, auch die geringfügigsten Äußerungen der Tagesliteratur sorgfältig verfolgte, um sie nach eingehender Prüfung unter Umständen dem Ganzen dienstbar zu machen. Und da sollte dann ein so großes Werk unbeachtet geblieben sein? Dazu kommt aber noch, daß Private vielleicht auf Grundlage der früheren preußischen Entwürfe einen neuen hätten aufbauen können. Aber soweit konnte das nicht gehen, daß der neue private Entwurf zum Teil gleichen Wortlaut mit einem der Öffentlichkeit nicht zugängigen preußischen Entwurf von 1848 hätte haben können.

Viel mehr fällt noch die schon erwähnte Tatsache ins Gewicht, daß Preußen einem Dritten nicht die Früchte langjähriger Arbeit zur Ausnutzung hingegeben hätte. Zum mindesten würde in diesem Falle ein dahingehender Antrag bei den Akten zu finden sein. In dieser Beziehung ist jedoch keinerlei Andeutung vorhanden.

Schluß: Reichs-Einheiten.

Die deutsche Einheitsidee hat sich durch jahrzehntelange Kämpfe durchgesetzt. Welche Wandlungen hat sie auf den langen Wege durchmachen müssen! Und welche Unsumme von Kraft und Selbstlosigkeit gehörte dazu, das Werk, welches stets im entscheidenden Augenblick scheiterte, wieder von neuem aufzunehmen!

In der Hauptsache unterscheiden wir zwei Wege, die nach einander versucht wurden.

Erst plante Preußen gemeinsamen wirtschaftlichen Zusammenschluß, der alsdann durch gleiche Zollmaßnahmen eine Festigung der einheitlichen Interessen herbeiführen sollte.

Dieser Weg ist nie aufgegeben worden, auch ist stets so fortgearbeitet am Einigungswerk unabhängig von den äußeren politischen Ereignissen.

Aber das war nur ein Mittel, welches weniger auf die Einigung unmittelbar abzielte, als vielmehr erst die Grundlage bilden sollte, auf der dann der Aufbau gedacht war.

Dem steht gegenüber die Meinung, welche die Einheit gleichsam auf dem Papier dekretieren zu können glaubte. Ohne Rücksicht auf irgendwelche tatsächliche Lage, ohne Ansehung der Reife des Werkes vermeinte man äußerlich gleiche Materien miteinander verschmelzen zu können und dachte nun, der Inhalt, d. h. die zugrunde liegenden Verhältnisse, würde nun ohne weiteres den Einigungsprozeß mitmachen.

Der Anfang wurde auf dem Gebiete gemacht, das in seinen Grundanschauungen allenthalben auf dem gleichen System aufgebaut war: Dem Recht.

Wenn aber das Werk nicht schon damals in sich zusammengefallen wäre, es wäre sicherlich an inneren Schwierigkeiten zugrunde gegangen.

Die Geschichte der preußischen Strafrechtsentwicklung hat gezeigt, welche Hindernisse wegzuräumen waren, um einem einzigen Staate ein einheitliches Strafgesetz zu geben. Die Gründe dafür sind zu klar, als daß sie des längeren zu erörtern wären. Die heterogene Zusammensetzung des erstaunlich schnell sich aus den verschiedensten deutschen Volksstämmen ergänzenden Staates brachte es mit sich, daß allenthalben aus früheren Tagen eigene Rechtsanschauungen und Gesetze bestanden. Sie ließen sich nicht mit einem Federzuge auslöschen und durch andere gemeinsame ersetzen. Es bedurfte ungeheurer Arbeit und ausgleichender Tätigkeit, um ein für alle Teile eines solchen Landes genügendes Strafrecht zu finden.

Die Ansicht dürfte wohl etwas für sich haben, daß in Erkenntnis dieser Schwierigkeiten, die sich auf dem Gebiet des Zivilrechts vervielfältigten, die Regierung davon absah, auch die andern Teile des ALR. einheitlich für Preußen zu kodifizieren.

Ins Große aber wuchsen diese Hemmnisse bei einem Reiche, das, wie Deutschland damals, einen noch bunteren Charakter trug. Es läßt sich wohl annehmen, daß ein Werk, wie der Eutwurf 1849, wohl für die Staaten des Dreikönigsbündnisses, die im ganzen die gleichen Existenzbedingungen und das gleiche kulturelle Niveau hatten, paßte, nicht aber, daß diese Kodifikation, die in der Hauptsache auf preußische Verhältnisse zugeschnitten war, dem damaligen ganzen Deutschland notwendiges Recht gegeben hätte.

Und damit dürfte der Kardinalpunkt berührt sein. Recht soll der notwendige Niederschlag des jeweiligen Rechtsbedürfnisses eines Volkes sein. Es kann also nur aus den tatsächlichen wirtschaftlichen Verhältnissen und den Rechtsanschauungen entstehen.

Solange nun nicht die innere Volkseinheit in allen Teilen und Gebieten erreicht war, konnte somit gar nicht dauerndes Recht als Ausdruck der kodifizierten Rechtsnorm für bestehende Verhältnisse zustande kommen.

Der Gedanke war somit verfehlt, wie ihm auch die Geschichte Unrecht gegeben hat. Der Einheitsgedanke trat in den Hintergrund, aber die Ereignisse gingen ihren Weg.

Preußen zog alle Teile Deutschlands, welche es zu seiner Konsolidation bedurfte, an sich, so daß eine Klärung unter den Mächten eintrat. Damit waren die inneren Verhältnisse Deutschlands, nachdem die Auseinandersetzung mit Österreich erfolgt war, soweit gefestigt, daß der größte Staat und mit ihm alles, was den Gedanken an Deutschland in sich trug, auch Stellung nehmen konnte zur Außenwelt d. h. zur Weltpolitik.

Die Gelegenheit, die sich bot, um seine Existenzberechtigung im Kreis der Mächte Europas zu erweisen, fand sich bald. Sie wurde benutzt und zeigte dem Ausland, daß unterdessen ein Volk sich darauf besonnen hatte, daß es durch Zusammenarbeiten imstande war, jeden Eingriff von außen in seine Rechte einmütig mit bewaffneter Hand zurückzuweisen.

Notwendig ergab sich das Andere von selbst. Durch den Krieg allein war schon der einheitliche Wille der Deutschen zum einigen Deutschland erklärt. Sobald sich dies neue Deutschland bei der schwersten Probe eines Landes bewährt hatte, mußte die Entscheidung fallen. Nicht den Frieden, die Heimkehr und die formelle Konstituierung wartete man ab. An Ort und Stelle legitimierte sich die Gesamtheit des wehrhaften Volkes als Träger des Reichsgedankens.

Wenn nicht Logik der Geschichte, dann ist es ein merkwürdiges Zusammentreffen, daß beim Erwachen und bei der Durchsetzung der Einheitsidee ein Kaiserreich Frankreich zusammenbrach.

Der Druck Frankreichs auf Deutschland hatte, wie wir sahen, zwar noch nicht die Einheitsidee geweckt. Aber die Niederwerfung des Kaisers Bonaparte war ihr Ausgangspunkt. Rund ein halbes Jahrhundert später löste ein Konflikt mit Frankreich diesen Gedanken aus, und wieder mußte ein französisches Kaiserreich zugrunde gehen in dem Augenblicke, wo Deutschland zum zweiten Male begann, sich seiner selbst bewußt zu werden.

Entwurf

eines

allgemeinen

deutschen Strafgesetzbuchs.

Berlin, 1849.
Verlag der Deckerschen Geheimen Ober-Hofbuchdruckerei.

Vorwort.

Der vorliegende Entwurf eines allgemeinen deutschen Strafgesetzbuchs beruht im Wesentlichen auf den Beschlüßen einer Kommission des Preußischen Justiz-Ministeriums, welche im Laufe des vorigen Jahres zur Berathung des Entwurfs eines Preußischen Strafgesetzbuchs zusammengetreten war.

Bei der Abfaßung des Entwurfs sind der Preußische Entwurf vom Jahre 1847, die Verhandlungen des Vereinigten ständischen Ausschußes über denselben, sowie die umfangreichen Materialien in sorgfältige Erwägung gezogen worden, welche zu den Preußischen Entwürfen von 1843 und 1847 von Behörden, Beamten und Schriftstellern beim Justiz-Ministerium eingegangen oder in Druck erschienen sind.

In der Lehre von den Strafen sind die Verfaßer des Entwurfs persönlich der Ansicht, daß die Todesstrafe für den Fall des Mordes und den schwersten Fall des

Hochverraths *n i c h t* abzuschaffen sei; indeßen ist diese Frage nicht nur in den deutschen Grundrechten, sondern auch in der Gesetzgebung einzelner deutscher Staaten bereits im entgegengesetzten Sinne entschieden worden, so daß im Entwurf an die Stelle der Todesstrafe die lebenswierige Freiheitsstrafe getreten ist.

Einleitende Bestimmungen.

Art. 1.

Eine Handlung, welche die Gesetze mit Zuchthausstrafe oder mit der Strafe der Einschließung bedrohen, ist ein **Verbrechen.**

Eine Handlung, welche die Gesetze mit Gefängnißstrafe oder im hoechsten Strafmaße mit Geldstrafe von mehr als zehn Thalern bedrohen, ist ein **Vergehen.**

Eine Handlung, welche die Gesetze mit Polizeihaft oder einer Geldstrafe bis zu zehn Thalern bedrohen, ist eine **Uebertretung.**

Art. 2.

Kein Verbrechen, kein Vergehen und keine Uebertretung kann mit einer Strafe belegt werden, die nicht gesetzlich bestimmt war, bevor die Handlung begangen wurde.

Art. 3.

Die deutschen Strafgesetze finden Anwendung auf alle in Deutschland begangenen Verbrechen, Vergehen und Uebertretungen, auch wenn der Thaeter ein Auslaender ist.

Art. 4.

Wegen der im Auslande begangenen Verbrechen und Vergehen findet in Deutschland in der Regel keine Verfolgung und Bestrafung statt.

Jedoch kann nach deutschen Strafgesetzen verfolgt und bestraft werden:

1) ein Auslaender, welcher im Auslande ein Verbrechen gegen die innere Sicherheit des Bundesstaats oder ein Münzverbrechen zum Nachtheil eines deutschen Staats begangen hat;

2) ein Deutscher, welcher im Auslande eines der genannten Verbrechen, oder ein Verbrechen gegen die aeußere Sicherheit des Bundesstaats, oder eine Handlung begangen hat, welche nach deutschen Gesetzen ein Verbrechen oder ein Vergehen ist und auch durch die Gesetze des Orts, wo sie begangen wurde, mit Strafe bedroht ist.

In allen Faellen bleibt die Verfolgung und Bestrafung ausgeschlossen, wenn von den Gerichten des Auslandes ueber die Handlung rechtskraeftig erkannt und die etwa ausgesprochene Strafe vollzogen oder durch Begnadigung erlassen ist.

Art. 5.

Uebertretungen, die im Auslande begangen werden, sollen in Deutschland nur dann bestraft werden, wenn dies durch besondere Gesetze oder Staatsvertraege angeordnet ist.

Art. 6.

Die allgemeinen Strafgesetze finden auch auf Militairpersonen Anwendung.

Die Strafen der Militair-Verbrechen und Vergehen sind durch besondere Gesetze bestimmt.

Art. 7.

Strafgesetze, welche solche Materien betreffen, in Hinsicht deren das gegenwaertige Strafgesetzbuch nichts bestimmt, bleiben auch ferner in Kraft.

Erster Theil.

Von der Bestrafung der Verbrechen und Vergehen im Allgemeinen.

Erster Titel.

Von den Strafen.

Art. 8.

Die Zuchthausstrafe ist entweder lebenswierig oder auf bestimmte Zeit.

Die Dauer der zeitigen Zuchthausstrafe ist mindestens zwei und hoechstens zwanzig Jahre.

Art. 9.

Die zur Zuchthausstrafe Verurtheilten werden in einer Strafanstalt verwahrt und zu den in derselben eingefuehrten Arbeiten angehalten.

Waehrend der Strafzeit sind die zur Zuchthausstrafe Verurtheilten unfaehig, ihr Vermoegen zu verwalten und unter Lebenden darueber zu verfuegen; sie werden nach den Formen, die zur Ernennung der Vormuender vorgeschrieben sind, unter Vermundschaft gestellt; auch darf ihnen waehrend der Strafzeit kein Theil ihres Vermoegens oder ihrer Einkuenfte verabfolgt werden.

Art. 10.

Die Verurtheilung zur Zuchthausstrafe zieht den Verlust der staatsbuergerlichen Rechte von Rechtswegen nach sich.

Der Verlust der staatsbuergerlichen Rechte besteht:

1) in der Unfaehigkeit, oeffentliche Aemter, Wuerden, Titel, Orden und Ehrenzeichen zu fuehren oder zu erlangen;
2) in der Unfaehigkeit, Geschworener zu sein, in oeffentlichen Angelegenheiten zu stimmen, zu waehlen oder gewaehlt zu werden, oder die aus oeffentlichen Wahlen hervorgegangenen oder andere politische Rechte auszuueben;

3) in der Unfaehigkeit, Sachverstaendiger zu sein, als Zeuge bei Urkunden zugezogen und vor Gericht als solcher eidlich vernommen zu werden;
4) in der Unfaehigkeit, Vormund, Nebenvormund, Kurator, gerichtlicher Beistand und Mitglied eines Familienrathes zu sein, es sei denn, daß es sich um die eigenen Kinder handle und die obervormundschaftliche Behoerde oder der Familienrath die Genehmigung ertheile;
5) in der Unfaehigkeit, eine Schule zu halten oder in irgend einer Unterrichts-Anstalt Lehrer zu sein;
6) in der Unfaehigkeit, Waffen zu tragen, zur Buergerwehr zu gehoeren und in der Armee zu dienen.

Der Verlust der staatsbuergerlichen Rechte tritt mit dem Tage ein, an welchem das Urtheil rechtskraeftig wird.

Art. 11.

Die Strafe der Einschließung besteht in Freiheitsentziehung mit Beaufsichtigung der Beschaeftigung und der Lebensweise der Gefangenen; sie wird in einer vom Zuchthause verschiedenen Anstalt vollstreckt.

Die Einschließung kann nicht unter Einem Jahre und nicht ueber zwanzig Jahre erkannt werden.

Art. 12.

Die zur Gefaengnissstrafe Verurtheilten werden in einer Gefangenanstalt eingeschloßen und daselbst in einer ihren Faehigkeiten angemessenen Weise beschaeftigt.

Die Dauer der Gefaengnißstrafe soll mindestens einen Tag und, sofern nicht das Gesetz ein Anderes bestimmt, hoechstens drei Jahre betragen.

Art. 13.

Bei den nach Tagen, Wochen oder Monaten bestimmten Gefaengnisstrafen wird der Tag zu vier und zwanzig Stunden, die Woche zu sieben Tagen, der Monat zu dreißig Tagen gerechnet.

Art. 14.

Geldstrafen koennen nicht unter dem Betrage Eines Thalers erkannt werden.

An die Stelle einer Geldstrafe, welche wegen Unvermoegens

des Verurtheilten nicht beigetrieben werden kann, soll Gefaengnißstrafe treten.

Die Dauer derselben soll vom Richter so bestimmt werden, daß der Betrag von Einem Thaler einer Gefaengnissstrafe von Einem Tage gleichgeachtet wird; diese Gefaengnissstrafe darf niemals sechs Monate uebersteigen.

Art. 15.

Die Konfiskation findet nur in Beziehung auf einzelne Gegenstaende statt.

Gegenstaende, welche durch das Verbrechen oder Vergehen hervorgebracht, oder welche zur Begehung deßelben gebraucht oder bestimmt worden sind, sollen, sofern sie dem Thaeter oder einem Theilnehmer der That gehoeren, konfisciert werden.

Ist ein Verbrechen oder Vergehen durch Schrift, Abbildung oder Darstellung begangen, so soll auf Konfiskation und Vernichtung aller zur Verbreitung vorraethigen Exemplare der Schrift, Abbildung oder Darstellung, so wie der dazu bestimmten Platten und Formen erkannt werden.

Art. 16.

Geldstrafen und Konfiskation koennen gegen den Nachlaß eines Angeschuldigten nur dann geltend gemacht werden, wenn derselbe bei Lebzeiten rechtskraeftig verurtheilt worden ist.

Art. 17.

Die Untersagung der Ausuebung der staatsbuergerlichen Rechte bewirkt die Unfaehigkeit, waehrend der im Urtheil bestimmten Zeit die im Art. 10 erwaehnten Rechte auszuueben. Diese Zeit soll wenigstens ein Jahr und hoechstens zehn Jahre betragen; sie beginnt mit dem Tage, an welchem das Erkenntniß rechtskraeftig wird.

Art. 18.

Die Untersagung der Ausuebung der staatsbuergerlichen Rechte auf Zeit hat zugleich den Verlust aller aus frueheren oeffentlichen Wahlen fuer den Verurtheilten hervorgegangenen Rechte, so wie den Verlust der oeffentlichen Aemter, Wuerden, Titel, Orden und Ehrenzeichen von Rechtswegen zur Folge.

Art. 19.

Entlassene Staatsdiener werden durch den Verlust der staatsbuergerlichen Rechte und durch die Untersagung der Ausuebung derselben auf Zeit der ihnen aus der Staatskasse zu zahlenden Pensionen und Gnadengehalte von Rechtswegen verlustig.

Art. 20.

Die Stellung unter besondere Polizeiaufsicht soll auf die Dauer von wenigstens Einem Jahre und hoechstens fuenf Jahren erkannt werden.

Sie beginnt nach Vollstreckung der Freiheitsstrafe.

Art. 21.

Die Stellung unter besondere Polizeiaufsicht hat folgende Wirkungen:

1) es kann dem Verurtheilten der Aufenthalt an einzelnen bestimmten Orten von der Landes-Polizeibehoerde untersagt werden;

2) es kann bei ihm zu jeder Zeit Haussuchung gehalten werden.

Art. 22.

Auf Landesverweisung kann nur gegen Auslaender erkannt werden. Sie soll gegen dieselben neben jeder Verurtheilung zu einer zeitigen Zuchthausstrafe, so wie auch in den Faellen ausgesprochen werden, in welchen gegen einen Preußen auf Stellung unter besondere Polizeiaufsicht zu erkennen sein wuerde.

Art. 23.

Alle Strafurtheile, in welchen auf Zuchthausstrafe oder Einschließung erkannt wird, sollen im Auszuge durch das Amtsblatt des Bezirks, in welchem das erkennende Gericht seinen Sitz hat, oeffentlich bekannt gemacht werden.

Zweiter Titel.

Von dem Versuche.

Art. 24.

Der Versuch ist nur dann strafbar, wenn derselbe durch Handlungen, welche einen Anfang der Ausfuehrung enthalten, an den Tag gelegt und nur durch aeußere, von dem Willen des Thaeters unabhaengige Umstaende gehindert worden oder ohne Erfolg geblieben ist.

Art. 25.

Der Versuch eines Verbrechens wird wie das Verbrechen selbst bestraft.

Ist jedoch das Verbrechen mit lebenslaenglicher Zuchthausstrafe bedroht, so besteht die Strafe des Versuchs in zeitiger Zuchthausstrafe von mindestens zehn Jahren.

Art. 26.

Der Versuch eines Vergehens wird nur in den Faellen bestraft, in welchen die Gesetze dies ausdruecklich bestimmen. Der Versuch wird alsdann wie das Vergehen selbst bestraft.

Dritter Titel.

Von der Theilnahme an einem Verbrechen oder Vergehen.

Art. 27.

Als Theilnehmer eines Verbrechens oder Vergehens wird bestraft:

1) wer den Thaeter durch Geschenke oder Versprechen, durch Drohungen, Mißbrauch des Ansehens oder der Gewalt, durch absichtliche Herbeifuehrung oder Befoerderung eines Irrthums oder durch listige Kunstgriffe zur Begehung des Verbrechens oder Vergehens angereizt, verleitet oder bestimmt hat.
2) wer dem Thaeter zur Begehung des Verbrechens oder Vergehens Anleitung gegeben hat, imgleichen wer Waffen,

Werkzeuge oder andere Mittel, welche zu der That gedient haben, wißend, daß sie dazu dienen sollten, verschafft hat, oder wer in den Handlungen, welche die That vorbereitet, erleichtert oder vollendet haben, dem Thaeter wißentlich Huelfe geleistet hat.

Art. 28.

Die Theilnehmer eines Verbrechens oder Vergehens werden mit derselben gesetzlichen Strafe, wie der Thaeter bestraft.

Art. 29.

Wer durch Reden an oeffentlichen Orten oder bei oeffentlichen Zusammenkuenften, oder durch Schriften, Abbildungen oder andere Darstellungen, welche verkauft, vertheilt oder umhergetragen oder oeffentlich ausgestellt oder angeschlagen werden, zu einer Handlung auffordert, welche ein Verbrechen oder Vergehen darstellt, soll als Theilnehmer betrachtet und bestraft werden, wenn die Aufforderung das Verbrechen oder Vergehen oder einen strafbaren Versuch zur Folge gehabt hat.

Ist die Aufforderung ohne Erfolg geblieben, so tritt Gefaengniß bis zu Einem Jahre ein, sofern nicht bei einzelnen Verbrechen etwas Anderes bestimmt ist.

Art. 30.

Wer geraubte, gestohlene, unterschlagene oder mittelst eines andern Verbrechens oder Vergehens erlangte Sachen ganz oder zum Theil wissentlich verhehlt, wird mit derselben gesetzlichen Strafe, wie der Thaeter bestraft.

Jedoch kommen die erschwerenden Umstaende, unter welchen die Handlung veruebt wurde, bei Bestrafung des Hehlers nur dann in Betracht, wenn festgestellt wird, daß er zur Zeit der Verhehlung von diesen Umstaenden Kenntnis gehabt hat.

In keinem Falle kann die Freiheitsstrafe die Dauer von fuenf Jahren uebersteigen.

Vierter Titel.

Von den Gruenden, welche die Strafe ausschließen oder mildern.

Art. 31.

Ein Verbrechen oder Vergehen ist nicht vorhanden, wenn der Thaeter zur Zeit der That seiner Vernunft nicht maechtig, oder die freie Willensbestimmung desselben durch Gewalt oder durch Drohungen ausgeschloßen war.

Art. 32.

Ein Verbrechen oder Vergehen ist nicht vorhanden, wenn die That durch die Nothwehr geboten war. Nothwehr ist diejenige Vertheidigung, welche erforderlich ist, um einen gegenwaertigen rechtswidrigen Angriff von sich selbst oder Andern abzuwenden.

Der Nothwehr ist gleich zu achten, wenn der Thaeter nur aus Bestuerzung, Furcht oder Schrecken ueber die Grenzen der Vertheidigung hinausgegangen ist.

Art. 33.

Personen, welche das zwoelfte Lebensjahr nicht vollendet haben, koennen ein Verbrechen oder Vergehen nicht begehen.

Wird bewiesen, daß sie eine That begangen haben, welche das Gesetz als Verbrechen oder Vergehen bezeichnet, so bestimmt der Richter, ob sie ihrer Familie ueberwiesen oder in eine Beßerungs-Anstalt gebracht werden sollen. In der Beßerungs-Anstalt sind sie so lange zu behalten, als die der Anstalt vorgesetzte Verwaltungs-Behoerde solches fuer erforderlich erachtet, jedoch nicht ueber das zurueckgelegte zwanzigste Lebensjahr hinaus.

Art. 34.

Wenn ein Beschuldigter das zwoelfte, aber noch nicht das achtzehnte Lebensjahr vollendet hat, und festgestellt wird, daß er ohne Unterscheidungsvermoegen gehandelt hat, so soll er freigesprochen und in dem Urtheile bestimmt werden, ob er seiner Familie ueberwiesen, oder in eine Beßerungs-Anstalt gebracht werden soll. In Beziehung auf die Zeit, waehrend welcher der Angeschuldigte in der Beßerungs-Anstalt zu behalten ist, kommt die Bestimmung des Art. 33 zur Anwendung.

Art. 35.

Wird festgestellt, daß ein Beschuldigter, welcher das zwoelfte, aber noch nicht das achtzehnte Lebensjahr vollendet hat, ein Verbrechen oder Vergehen mit Unterscheidungsvermoegen begangen hat, so kommen in Bezug auf denselben folgende Bestimmungen zur Anwendung:

1) auf Zuchthausstrafe, auf Verlust oder zeitige Untersagung der staatsbuergerlichen Rechte und auf Stellung unter besondere Polizei-Aufsicht soll nicht erkannt, und an Stelle der Zuchthausstrafe Gefaengnißstrafe ausgesprochen werden;
2) ist das Verbrechen mit lebenswieriger Zuchthausstrafe bedroht, so wird auf Gefaengniß von drei bis zu funfzehn Jahren erkannt;
3) in den uebrigen Faellen soll die Haelfte des hoechsten gesetzlichen Strafmaaßes nicht ueberschritten werden;
4) die Gefaengnißstrafe soll entweder in ausschließlich fuer jugendliche Personen bestimmten Gefangen-Anstalten, oder zwar in der ordentlichen Gefangen-Anstalt, jedoch in abgesonderten Raeumen vollstreckt werden.

Art. 36.

Nach Ablauf der Verjaehrungszeit findet die Verfolgung und Bestrafung eines Verbrechens oder Vergehens nicht statt.

Art. 37.

Verbrechen, welche im hoechsten Strafmaaße mit einer Freiheitsstrafe von einer laengeren als zehnjaehrigen Dauer bedroht sind, verjaehren in zwanzig Jahren; andere Verbrechen in zehn Jahren.

Vergehen, die im hoechsten Strafmaaße mit einer hoeheren als dreimonatlichen Gefaengnißstrafe bedroht sind, verjaehren in fuenf Jahren; alle andere Vergehen in einem Jahre.

Der Lauf der Verjaehrung beginnt mit dem Tage des begangenen Verbrechens oder Vergehens.

Art. 38.

Die Verjaehrung wird durch jedes Urtheil unterbrochen, welches ein, wenn auch inkompetentes Strafgericht wegen des Verbrechens oder Vergehens erlaeßt.

Ist durch das Urtheil das Strafverfahren nicht beendigt, oder wird ein Rechtsmittel gegen das Urtheil eingewendet, so beginnt vom Tage des Urtheils der Lauf einer neuen Verjaehrung, deren Dauer der gesetzlichen Frist der Verjaehrung des Verbrechens oder Vergehens gleich ist.

Art. 39.

Rechtskraeftig erkannte Strafen verjaehren, wenn sie in Freiheitsstrafe von laengerer als fuenfjaehriger Dauer bestehen, in zwanzig Jahren; in allen uebrigen Faellen in zehn Jahren vom Tage der Rechtskraft des Erkenntnißes.

Art. 40.

Wenn festgestellt wird, daß mildernde Umstaende zu Gunsten eines Angeschuldigten vorhanden sind, so treten fuer ihn folgende Abaenderungen der im Gesetze bestimmten Strafen ein:

1) ist im Gesetze die lebenswierige Zuchthausstrafe angedroht, so soll auf Zuchthausstrafe von zehn bis zu zwanzig Jahren, und auf Stellung unter besondere Polizei-Aufsicht erkannt werden;

2) ist im Gesetz zeitige Zuchthausstrafe angedroht, so tritt an deren Stelle Gefaengnißstrafe von der Haelfte der Dauer, welche festzusetzen sein wuerde, wenn mildernde Umstaende nicht vorhanden waeren, und es kann zugleich auf Untersagung der Ausuebung der staatsbuergerlichen Rechte auf Zeit erkannt werden;

3) ist im Gesetze Einschließung angedroht, so soll Einschließung von der Haelfte der Dauer eintreten, welche festzusetzen sein wuerde, wenn mildernde Umstaende nicht vorhanden waeren, und es kann auf Einschließung von einer kuerzeren, als einjaehrigen Dauer erkannt werden.

4) ist im Gesetz eine Gefaengnissstrafe oder Geldstrafe angedroht, so soll auf die Haelfte der Strafe erkannt werden, welche festzusetzen sein wuerde, wenn mildernde Umstaende nicht vorhanden waeren; ist in diesem Falle von dem Gesetze zugleich die Untersagung der Ausuebung der staatsbuergerlichen Rechte vorgesehen, so kann diese Strafe hinzugefuegt werden, jedoch hoechstens auf die Dauer von fuenf Jahren;

5) ist im Gesetze Gefaengniß von weniger als drei Monaten im geringsten Maaße angedroht, so kann der Richter anstatt der Gefaengnißstrafe auf Geldbuße erkennen;

6) in allen Faellen, wo im Gesetze zugleich die Stellung unter Polizei Aufsicht angedroht ist, soll die Anwendung dieser Strafe bei mildernden Umstaenden in dem Ermeßen des Richters stehen.

Fünfter Titel.

Vom Zusammentreffen mehrerer Verbrechen und vom Rueckfalle.

Art. 41.

Wenn eine und dieselbe Handlung die Merkmale mehrerer Verbrechen oder Vergehen in sich vereinigt, so kommt das Strafgesetz zur Anwendung, welches die schwerste Strafe androht.

Art. 42.

Hat ein Angeschuldigter ein oder mehrere Verbrechen und ein oder mehrere Vergehen begangen, so kommt nur die Strafe der Verbrechen zur Anwendung.

Hat ein Angeschuldigter mehrere Verbrechen begangen, so kommt die Strafe des schwersten Verbrechens, und hat er mehrere Vergehen begangen, die Strafe des schwersten Vergehens zur Anwendung.

Art. 43.

Wer, nachdem er wegen eines Verbrechens oder Vergehens von einem Deutschen Gerichtshofe rechtskraeftig verurtheilt worden ist, dasselbe Verbrechen oder Vergehen, sei es mit oder ohne erschwerende Umstaende, begeht, befindet sich im Rueckfalle.

In sofern das Gesetz keine besondere Rueckfallsstrafe bestimmt, kann wegen Rueckfalls die Strafe ueber das gesetzliche Maaß hinaus erhoeht werden, jedoch nicht mehr, als um die Haelfte des hoechsten gesetzlichen Strafmaaßes.

Die Dauer der Gefaengnißstrafe kann im Rueckfalle die Zeit von drei Jahren uebersteigen.

Bei Verbrechen, welche mit zeitiger Freiheitsstrafe bedroht sind, darf die Dauer von zwanzig Jahren selbst im Rueckfall nicht ueberschritten werden.

Art. 44.

Der Rueckfall ist auch dann vorhanden, wenn die That in dem frueheren oder spaeteren Falle, oder in beiden Faellen, die Theilnahme an einem Verbrechen oder Vergehen, oder den Versuch eines Verbrechens oder Vergehens darstellt.

Art. 45.

Die Straf-Erhoehung wegen Rueckfalls tritt nicht ein, wenn seit dem Zeitpunkte, in welchem die Strafe des zuletzt begangenen frueheren Verbrechens oder Vergehens abgebueßt oder erlaßen worden war, zehn Jahre verfloßen sind.

Zweiter Theil.

Von den einzelnen Verbrechen und Vergehen und deren Bestrafung.

Erster Titel.

Verbrechen und Vergehen gegen die innere Sicherheit des Staats.

Art. 46.

Ein Unternehmen, welches darauf abzielt:

1) das Reichs-Oberhaupt, oder einen deutschen Regenten zu toedten, gefangen zu nehmen, in Feindes Gewalt zu liefern oder demselben die Ausuebung der Regierung unmoeglich zu machen; oder
2) das Gebiet des deutschen Bundesstaates ganz oder theilweise einem fremden Staate einzuverleiben oder einen Theil des Gebiets vom Ganzen loszureißen; oder
3) die Verfaßung des Bundesstaats oder eines einzelnen deutschen Staats gewaltsam zu veraendern; oder
4) eine verfassungsmaeßig bestehende gesetzgebende Versammlung des Bundeststaates oder eines einzelnen deutschen Staats aus einander zu sprengen, zur Faßung oder Unterlaßung von Beschlueßen zu zwingen oder Mitglieder aus derselben gewaltsam zu entfernen,

ist Hochverrath und wird, in sofern zugleich das Verbrechen des vollendeten oder versuchten Mordes vorliegt, mit lebenswieriger Zuchthausstrafe, in andern Faellen aber mit Einschließung von zehn bis zu zwanzig Jahren bestraft.

Als Unternehmen ist eine solche vollendete oder begonnene Handlung anzusehen, durch welche die hochverraetherische Absicht unmittelbar zur Ausfuehrung gebracht werden soll.

Art. 47.

Wer zu hochverraetherischen Zwecken Mannschaften anwirbt oder einuebt, oder die ihm vom Staate anvertraute Macht mißbraucht, oder in ein Einverstaendniß mit einer auswaertigen Regierung tritt, wird mit Einschließung von fuenf bis zu funfzehn Jahren bestraft.

Art. 48.

Eine zwischen zwei oder mehreren Personen zu hochverraetherischen Zwecken geschloßene Verbindung wird mit Einschließung bis zu fuenf Jahren bestraft.

Ist zwischen zwei oder mehreren Personen die Ausfuehrung eines hochverraetherischen Unternehmens verabredet worden (Komplott), so tritt Einschließung von zwei bis zu zehn Jahren ein.

Art. 49.

Die oeffentliche Aufforderung zu hochverraetherischen Handlungen wird mit Einschließung bis zu fuenf Jahren und die oeffentliche Aufforderung zu einem hochverraetherischen Unternehmen mit Einschließung von zwei bis zu zehn Jahren bestraft.

Art. 50.

Ein Theilnehmer an einer hochverraetherischen Verbindung oder einem hochverraetherischen Komplott soll von Strafe frei sein, wenn er von dem Verbrechen und von seinen Mitschuldigen zu einer Zeit, in welcher die Ausfuehrung eines hochverraetherischen Unternehmens verhindert werden kann, der davon noch nicht unterrichteten Behoerde Anzeige macht.

Art. 51.

Wer unbefugt bewaffnete Haufen bildet, oder eine Mannschaft von der er weiß, daß sie ohne gesetzliche Befugniß gesammelt ist, mit Waffen oder Kriegsbeduerfnißen versieht, wird mit Gefaengniß von drei Monaten bis zu zwei Jahren bestraft.

Art. 52.

Wer wegen eines Verbrechens wider die innere Sicherheit des Staats zur Strafe der Einschließung von fuenfjaehriger oder laengerer Dauer verurtheilt wird, geht der nachstehenden staatsbuergerlichen Rechte von Rechtswegen verlustig:

1) der Faehigkeit, oeffentliche Aemter zu fuehren oder zu erlangen;

2) der Faehigkeit, Geschworener zu sein, in oeffentlichen Angelegenheiten zu stimmen, zu waehlen oder gewaehlt zu werden, oder die aus oeffentlichen Wahlen hervorgegangenen Rechte auszuueben.

Art. 53.

Gegen denjenigen, welcher wegen eines Verbrechens oder Vergehens gegen die innere Sicherheit des Staats zu zeitiger Freiheitsstrafe verurtheilt wird, kann auf Stellung unter besondere Polizeiaufsicht erkannt werden.

Zweiter Titel.

Verbrechen gegen die aeußere Sicherheit des Staats.

Art. 54.

Ein Deutscher, welcher die Waffen gegen Deutschland traegt, wird mit Zuchthaus von zehn bis zu zwanzig Jahren bestraft.

Wird festgestellt, daß der Deutsche schon vor Ausbruch des Krieges in dem Heere des feindlichen Staates Dienste genommen hatte, so ist die Handlung straflos.

Art. 55.

Ein Deutscher, welcher mit einer fremden Regierung in Verbindung tritt, um dieselbe zu einem Kriege gegen Deutschland zu veranlaßen, wird mit Zuchthaus von fuenf bis zu funfzehn Jahren bestraft.

Art. 56.

Ein Deutscher, welcher waehrend eines gegen Deutschland ausgebrochenen Krieges einer feindlichen Macht wissentlich Vorschub leistet, oder den Truppen Deutschlands oder seiner Bundesgenoßen wißentlich Nachtheil zufuegt, wird mit Zuchthaus bis zu zehn Jahren bestraft.

Zuchthaus von zehn bis zu zwanzig Jahren tritt ein, wenn der Thaeter:

1) Festungen, Paesse, besetzte Plaetze oder andere Verteidigungsposten, imgleichen deutsche oder verbuendete Truppen, oder einzelne Offiziere oder Soldaten in feindliche Gewalt bringt;
2) Festungswerke, Kriegsschiffe, Kaßen, Zeughaeuser, Magazine oder andere Vorraethe von Waffen, Munition oder anderen Kriegsbeduerfnißen in feindliche Gewalt bringt, zerstoert oder unbrauchbar macht;
3) dem Feinde Mannschaften zufuehrt, oder Soldaten des deutschen oder verbuendeten Heeres verleitet, zum Feinde ueberzugehen;
4) Operationsplaene, oder Plaene von Festungen oder festen Stellungen dem Feinde mitteilt;
5) dem Feinde als Spion dient oder feindliche Spione aufnimmt, verbirgt oder ihnen Beistand leistet; oder
6) einen Aufstand unter den deutschen oder verbuendeten Truppen erregt.

Art. 57.

Gegen Auslaender ist wegen der in den Art. 55 und 56 erwaehnten Handlungen nach dem Kriegsgebrauche zu verfahren.

Begehen sie aber solche Handlungen, waehrend sie unter dem Schutze Deutschlands in deßen Gebiete sich aufhalten, so kommen die daselbst bestimmten Strafen zur Anwendung.

Art. 58.

Ein Deutscher, welcher

1) Staatsgeheimniße oder Festungsplaene, oder solche Urkunden, Aktenstuecke oder Nachrichten, von denen er weiß, daß das Wohl Deutschlands deren Geheimhaltung, einer fremden Regierung gegenueber, erfordere, dieser Regierung mittheilt oder oeffentlich bekannt macht; oder

2) zur Gefaehrdung der Rechte Deutschlands im Verhaeltniß zu einer fremden Regierung die darueber sprechenden Urkunden oder Beweismittel vernichtet, verfaelscht oder unterdrueckt; oder

3) ein ihm aufgetragenes Staatsgeschaeft mit einer fremden Regierung vorsaetzlich zum Nachtheile Deutschlands fuehrt,

wird mit Zuchthaus von fuenf bis zu funfzehn Jahren bestraft.

Art. 59.

Gegen denjenigen, welcher wegen eines Verbrechens gegen die aeußere Sicherheit des Staats zu zeitiger Zuchthausstrafe verurtheilt wird, kann auf Stellung unter besondere Polizeiaufsicht erkannt werden.

Art. 60.

Wer in Beziehung auf ein von mehreren Personen beabsichtigtes Verbrechen gegen die aeußere Sicherheit des Staats einer strafbaren Handlung schuldig ist, soll von Strafe frei sein, wenn er von dem Vorhaben und von seinen Mitschuldigen zu einer Zeit, in welcher die Ausfuehrung verhindert werden kann, der davon noch nicht unterrichteten Behoerde Anzeige macht.

Dritter Titel.

Verbrechen und Vergehen in Beziehung auf die Ausuebung der staatsbuergerlichen Rechte.

Art. 61.

Wer durch Gewalt oder Drohung Staatsbuerger verhindert, in Ausuebung ihrer staatsbuergerlichen Rechte zu waehlen oder zu stimmen, hat Gefaengniß von drei Monaten bis zu zwei Jahren verwirkt.

Art. 62.

Wer durch Gewalt oder Drohung ein Mitglied einer der deutschen gesetzgebenden Versammlungen verhindert, sich an den Ort der Versammlung zu begeben, oder zu stimmen, wird mit Einschließung bis zu fuenf Jahren bestraft.

Art. 63.

Wer mit der Sammlung der Wahl- oder Stimmzettel oder Zeichen beauftragt, vorsaetzlich die rechtmaeßige Anzahl derselben vermehrt oder vermindert, oder einen Zettel oder ein Zeichen verfaelscht oder vertauscht, oder auf die Zettel derjenigen Personen, die nicht schreiben koennen, andere als die angegebenen Namen schreibt, wird mit Gefaengniß von drei Monaten bis zu zwei Jahren bestraft.

War der Thaeter nicht mit Sammlung der Zettel oder Zeichen beauftragt, so ist die Strafe Gefaengniß von Einem Monat bis zu Einem Jahre.

In beiden Faellen ist auf zeitige Untersagung der Ausuebung der staatsbuergerlichen Rechte zu erkennen.

Art. 64.

Wer eine Wahlstimme fuer Geld oder andere Vortheile kauft oder verkauft, wird mit Gefaengniß von drei Monaten bis zu Einem Jahre bestraft; auch kann gegen denselben auf zeitige Untersagung der Ausuebung der staatsbuergerlichen Rechte erkannt werden.

Vierter Titel.

Widerstand gegen die Staatsgewalt.

Art. 65.

Wer einen Beamten, welcher zur Vollstreckung der Gesetze, oder der Befehle und Verordnungen der Verwaltungsbehoerden oder der Urtheile und Verordnungen der Gerichte berufen ist, waehrend der Vornahme einer Amtshandlung angreift oder demselben durch Gewalt oder Drohung Widerstand leistet, wird mit Gefaengnis von acht Tagen bis zu zwei Jahren bestraft.

Dieselbe Strafe tritt ein, wenn der Angriff oder die Widersetzlichkeit gegen Personen, welche zur Beihuelfe des Beamten zugezogen waren oder gegen Mannschaften des Militairs oder der Buergerwehr in Ausuebung des Dienstes erfolgt.

Art. 66.

Wer eine Behoerde, einen Beamten oder ein Mitglied der bewaffneten Macht durch Gewalt oder Drohungen zwingt, oder zu zwingen versucht, eine Amtshandlung vorzunehmen oder zu unterlaßen, wird mit Gefaengniß nicht unter drei Monaten bestraft.

Art. 67.

Wenn mehrere Personen sich oeffentlich zusammenrotten und mit vereinten Kraeften die im Art. 65 oder 66 genannten Handlungen verueben, so werden dieselben wegen Aufruhrs mit Gefaengniß nicht unter sechs Monaten bestraft, auch kann gegen sie auf Stellung unter besondere Polizeiaufsicht erkannt werden.

Diejenigen Theilnehmer, welche Gewaltthaetigkeiten gegen Personen oder Sachen veruebten, werden mit Zuchthaus bis zu fuenf Jahren und Stellung unter besondere Polizeiaufsicht bestraft*).

Art. 68.

Wenn mehrere auf oeffentlichen Wegen, Straßen oder Plaetzen versammelte Personen von den Beamten der gerichtlichen oder der Verwaltungs-Polizei, oder von dem Befehlshaber der bewaffneten Macht aufgefordert werden, sich zu entfernen, so wird jeder von ihnen, welcher nach der dritten Aufforderung den Platz nicht verlaßen hat, mit Gefaengniß von acht Tagen bis zu drei Monaten bestraft.

Wird bei einem Auflaufe gegen die Beamten der Polizei oder die bewaffnete Macht mit vereinten Kraeften ein thaetlicher Widerstand geleistet oder Gewalt veruebt, so treten gegen diejenigen, welche sich bei diesen Handlungen betheiligt haben, die Strafen des Aufruhrs ein.

Art. 69.

Wer vorsaetzlich einen Gefangenen aus der Gefangen-Anstalt oder aus der Gewalt der bewaffneten Macht, oder aus der Gewalt des Beamten, welcher ihn in Haft hat, befreit oder zu befreien versucht, wird mit Gefaengniß von acht Tagen bis zu zwei Jahren bestraft.

Art. 70.

Wenn Gefangene in einer Gefangen-Anstalt sich zusammenrotten und entweder einen gewaltsamen Ausbruch ausfuehren oder auszufuehren versuchen, oder gegen die Aufseher sich widersetzen oder

---

*) **Anmerkung. Kommt bei einem Aufruhr ein schwereres Verbrechen, wie Mord, Todschlag, schwere Koerperverletzung, Brandstiftung vor, so tritt nach Art. 40 die Strafe dieses schwerern Verbrechens ein.**

dieselben zu Handlungen oder Unterlaßungen zwingen oder zu zwingen versuchen, so haben die Teilnehmer an der Meuterei Gefaengniß nicht unter sechs Monaten verwirkt; auch kann gegen sie auf Stellung unter besondere Polizei-Aufsicht erkannt werden.

Diejenigen Teilnehmer, welche Gewaltthaetigkeiten gegen Personen oder Sachen verueben, werden mit Zuchthaus bis zu fuenf Jahren und Stellung unter besondere Polizeiaufsicht bestraft.

Die Strafe der Meuterei soll unabhaengig von der Strafe des Verbrechens oder Vergehens, wegen deßen die Meuterer verhaftet sind, ausgesprochen und unmittelbar nach dieser Strafe vollstreckt werden.

Fuenfter Titel.

Vergehen wider die oeffentliche Ordnung.*)

Art. 71.

Wer oeffentlich dazu auffordert, daß einem bestehenden Gesetze oder einer zur Vollziehung desselben erlaßenen Verordnung der Gehorsam verweigert werde, oder daß die bewaffnete Macht oder einzelne Mannschaften des Militairs oder der Buergerwehr den verfassungsmaeßigen Befehlen ihrer Oberen keine Folge leisten sollen, wird mit Gefaengniß von vier Wochen bis zu zwei Jahren bestraft.

Art. 72.

Wer eine oeffentliche Behoerde, einen oeffentlichen Beamten, einen Religionsdiener, einen Geschworenen, einen vor Gericht geladenen oder vernommenen Zeugen, oder Mannschaften des Militairs oder der Buergerwehr in Beziehung auf ihren Beruf oder waehrend sie

---

*) **Anmerkung:** Die Bestimmungen gegen den Mißbrauch der Preßfreiheit, des Aßociations- und Versammlungsrechts, so wie ueber die Beleidigung deutscher Regenten und gesetzgebenden Versammlungen werden am zweckmäßigsten besonderen Verordnungen vorbehalten, wie denn auch derartige Verordnungen bereits in mehreren deutschen Staaten, namentlich in Preußen, gegenwaertig in Beratung stehen.

in Ausuebung der Verrichtungen ihres Berufs begriffen sind, beleidigt, wird, auf den Antrag des Beleidigten, mit Gefaengniß von vierzehn Tagen bis zu sechs Monaten bestraft.

Hat die Beleidigung den Charakter der Verlaeumdung, so tritt die Strafe dieses Vergehens ein.

Art. 73.

Wer unbefugt sich mit der Ausuebung eines oeffentlichen Amtes befaßt, oder solche Handlungen vornimmt, die nur in Kraft eines oeffentlichen Amts vorgenommen werden duerfen, soll mit Gefaengniß bis zu Einem Jahre bestraft werden.

Art. 74.

Wer Urkunden, Register, Akten oder sonstige Gegenstaende, welche sich an einem oeffentlichen Verwahrungsorte aufbewahrt befinden, oder einem Beamten, zu deßen Amte die Verwahrung derselben gehoert, in amtlicher Eigenschaft uebergeben worden sind, vorsaetzlich vernichtet oder bei Seite schafft, wird mit Gefaengniß nicht unter drei Monaten bestraft; auch kann gegen denselben auf zeitige Untersagung der Ausuebung der staatsbuergerlichen Rechte erkannt werden.

Art. 75.

Wer ein amtliches Siegel, welches auf Befehl einer oeffentlichen Behoerde oder von einem oeffentlichen Beamten angelegt ist, um Sachen zu verschließen, zu bezeichnen oder in Beschlag zu nehmen, ohne Befugniß vorsaetzlich erbricht, abloeset oder beschaedigt, wird mit Gefaengniß von acht Tagen bis zu sechs Monaten bestraft.

Art. 76.

Wer gewohnheitsmaeßig Deutsche zum Militairdienste fremder Maechte anwirbt oder den Werbern der letzteren zufuehrt, imgleichen wer einen deutschen Soldaten vorsaetzlich zum Desertiren verleitet, oder die Desertion deßelben vorsaetzlich befoerdert, wird mit Gefaengniß von drei Monaten bis zu zwei Jahren bestraft.

Art. 77.

Wer sich vorsaetzlich durch Selbstverstuemmelung oder auf andere Weise zu dem Militairdienste untauglich macht, oder durch einen Anderen untauglich machen laeßt, wird mit Gefaengniß von drei Monaten bis zu zwei Jahren und zeitiger Untersagung der Ausuebung der staatsbuergerlichen Rechte bestraft.

Dieselbe Strafe hat derjenige verwirkt, welcher den Andern auf dessen Verlangen zum Militairdienste untauglich macht.

Art. 78.

Auslaender, welche, nachdem sie des Landes verwiesen sind, ohne Erlaubniß zurueckkehren, werden mit Gefaengniß von einem Monat bis zu einem Jahre bestraft.

Art. 79.

Wer unter Polizeiaufsicht gestellt ist und der ihm in Ansehung der Wahl des Aufenthalts-Orts auferlegten Beschraenkung entgegenhandelt, wird mit Gefaengniß von acht Tagen bis zu drei Monaten bestraft.

Art. 80.

Wer geschaeftslos und arbeitslos umherzieht, ohne die Mittel zu seinem Unterhalte zu besitzen, oder ein Geschaeft oder eine Arbeit aufzusuchen, wird als Landstreicher mit Gefaengniß von acht Tagen bis zu drei Monaten bestraft.

Gegen den Auslaender ist zugleich auf Verweisung aus dem Lande zu erkennen; gegen den Inlaender kann das Gericht verordnen, daß derselbe nach Verlauf der Gefaengnißstrafe in ein Arbeitshaus gebracht werde.

Art. 81.

Die Bettelei wird in folgenden Faellen als Vergehen bestraft:

1) wenn Jemand außerhalb der Gemeinde seines Wohnorts bettelt,
2) wenn Jemand unter Drohungen oder mit Waffen oder unter Gebrauch eines falschen Namens oder unter Vorspiegelung eines Ungluecksfalls, einer Krankheit oder eines Gebrechens bettelt,
3) wenn Jemand bettelt, nachdem er in den letzten drei Jahren zwei oder mehrere Male wegen Bettelei rechtskraeftig verurtheilt worden ist.

Die Strafe ist Gefaengniß von acht Tagen bis zu drei Monaten. Das Gericht kann zugleich gegen den Auslaender auf Landesverweisung, gegen den Inlaender dahin erkennen, daß derselbe nach Ablauf der Gefaengnißstrafe in ein Arbeitshaus gebracht werde.

Art. 82.

In dem Urtheile, welches gegen Landstreicher oder Bettler die Ablieferung in ein Arbeitshaus verordnet, soll die Dauer der Aufbewahrung bestimmt werden. Sie darf niemals den Zeitraum von drei Jahren uebersteigen; die Verwaltungsbehoerde ist befugt, die im Urtheil bestimmte Dauer nach den Umstaenden abzukuerzen.

Sechster Titel.

Muenzverbrechen und Muenzvergehen.

Art. 83.

Wer inlaendisches oder auslaendisches Metallgeld oder Papiergeld nachmacht, wer aechtem Metallgelde oder Papiergelde durch Veraenderungen an demselben den Schein eines hoeheren Werthes giebt, imgleichen wer verrufenem Metallgelde oder Papiergelde durch Veraenderungen an demselben das Ansehen eines noch geltenden giebt, begeht eine Muenzfaelschung, wenn eine solche Handlung in der Absicht von ihm vorgenommen worden ist, das so verfertigte oder umgeaenderte Geld in Umlauf zu setzen.

Der Muenzfaelscher wird mit Zuchthaus von fuenf bis zu funfzehn Jahren bestraft und unter besondere Polizeiaufsicht gestellt.

Art. 84.

Wer falsches oder verfaelschtes Geld an sich bringt und entweder in Umlauf setzt oder zum Zweck der Verbreitung aus dem Auslande einfuehrt, hat dieselbe Strafe, wie der Muenzfaelscher, verwirkt.

Art. 85.

Wer falsches oder verfaelschtes Geld als aecht empfaengt und nach erkannter Unaechtheit als aecht ausgiebt oder auszugeben versucht, wird mit Gefaengniß von acht Tagen bis zu drei Monaten, oder mit Geldstrafe von fuenf bis zu Einhundert Thalern bestraft.

Art. 86.

Dem Papiergelde werden gleich geachtet die von einem deutschen oder einem fremden Staate oder unter deren Autoritaet von Korporationen, Gesellschaften oder Privatpersonen ausgestellten, auf den Inhaber lautenden Schuldverschreibungen, Aktien oder deren Stelle vertretenden Interims-Scheine oder Quittungen, so wie die zu diesen Papieren gehoerigen Koupons oder Zinsscheine.

Siebenter Titel.

Meineid.

Art. 87.

Wer einen ihm zugeschobenen, zurueckgeschobenen oder auferlegten Eid vor gesetzlicher Stelle wißentlich falsch schwoert, wird mit Zuchthaus bis zu fuenf Jahren bestraft.

Art. 88.

Wer als Zeuge in einer Civilsache oder Strafsache wißentlich ein falsches Zeugniß mit einem Eide bekraeftigt, oder den vor seiner Vernehmung geleisteten Eid wißentlich durch ein falsches Zeugniß verletzt, wird mit Zuchthaus bis zu zehn Jahren bestraft.

Ist das falsche Zeugniß in einer Strafsache zum Nachtheil eines Angeschuldigten abgelegt und dieser zu einer Freiheitsstrafe von einer laengern als zehnjaehrigen Dauer verurtheilt worden, so ist die Strafe Zuchthaus von zehn bis zu zwanzig Jahren.

Art. 89.

Wer als Sachverstaendiger in einer Civilsache oder Strafsache wißentlich ein falsches Gutachten mit einem Eide bekraeftigt, oder den vor seiner Erklaerung geleisteten Eid wißentlich durch ein falsches Gutachten verletzt, wird gleich dem falschen Zeugen bestraft.

Art. 90.

Der Ausschwoerung eines Eides wird gleich geachtet:

1) wenn ein Mitglied einer Religions-Gesellschaft, welcher das Gesetz den Gebrauch gewißer Betheuerungsformeln an Stelle des Eides gestattet, eine Erklaerung unter der Betheuerungsformel seiner Religions-Gesellschaft abgiebt;
2) wenn derjenige, welcher als Partei, Zeuge oder Sachverstaendiger einen Eid geleistet hat, in gleicher Eigenschaft eine Versicherung unter Berufung auf den bereits frueher in derselben Angelegenheit geleisteten Eid abgiebt, oder wenn ein

Sachverstaendiger, welcher als solcher einmal fuer allemal vereidet ist, eine Versicherung auf den von ihm geleisteten Eid abgiebt;

3) wenn ein vereideter Beamter eine amtliche Versicherung unter Berufung auf seinen Diensteid abgiebt.

Art. 91.

Wegen eines in einem strafgerichtlichen Vorverfahren abgelegten falschen Zeugnißes kann die Untersuchung nicht vor Einstellung jenes Vorverfahrens oder vor Beendigung des Hauptverfahrens eingeleitet werden. Ein Zeuge, welcher in dem Hauptverfahren einer Strafsache vernommen worden ist, kann wegen eines in dem Vorverfahren dieser Sache von ihm geleisteten falschen Zeugnißes nicht verfolgt und bestraft werden.

Art. 92.

Wer die von einer oeffentlichen Behoerde geforderte Versicherung an Eidesstatt wißentlich falsch abgiebt, wird mit Gefaengniß von drei Monaten bis zu Einem Jahre bestraft.

Achter Titel.

Vergehen, welche sich auf die Religion beziehen.

Art. 93.

Wer durch Thaetlichkeiten oder Drohungen eine oder mehrere Personen zwingt oder hindert, den Gottesdienst einer gesetzlich bestehenden Religions-Gesellschaft auszuueben, imgleichen wer in Kirchen oder anderen religioesen Versammlungsorten durch Erregung von Laerm oder Unordnung den Gottesdienst oder einzelne gottesdienstliche Verrichtungen einer gesetzlich bestehenden Religions-Gesellschaft verhindert oder stoert, soll mit Gefaengniß von acht Tagen bis zu sechs Monaten bestraft werden.

Art. 94.

Wer durch Reden an oeffentlichen Orten oder bei oeffentlichen Zusammenkuenften oder durch Schriften, Abbildungen oder Darstellungen, welche verkauft, vertheilt oder umhergetragen oder oeffentlich ausgestellt oder angeschlagen werden, eine gesetzlich bestehende Religions-Gesellschaft oder die Gegenstaende ihrer Verehrung, ihre Lehren, Einrichtungen oder Gebraeuche verspottet oder als des Haßes oder der Verachtung wuerdig darstellt, wird mit Gefaengniß von vierzehn Tagen bis zu sechs Monaten bestraft.

Art. 95.

Wer unbefugt eine Leiche oder einen Theil derselben aus der Gewahrsam der dazu berechtigten Personen wegnimmt, imgleichen wer Graeber zerstoert oder beschaedigt, hat Gefaengniß von vierzehn Tagen bis zu sechs Monaten verwirkt.

Neunter Titel.

Verbrechen und Vergehen in Beziehung auf den Personenstand.

Art. 96.

Wer ein Kind unterschiebt oder verwechselt, oder auf andere Weise den Personenstand eines Andern vorsaetzlich veraendert oder unterdrueckt, wird mit Zuchthaus bis zu zehn Jahren bestraft.

Art. 97.

Personenstandsbeamte werden mit Geldbuße bis zu funfzig Thalern oder Gefaengniß von acht Tagen bis zu zwei Monaten bestraft:

1) wenn sie ihre Urkunden anders als in die dazu bestimmten Register schreiben;
2) wenn sie die Heiraths-Urkunde einer schon verehelicht gewesenen Frau vor dem Ablauf der in den buergerlichen Gesetzen vorgeschriebenen Frist aufnehmen;
3) wenn sie in Faellen, in welchen zur Gueltigkeit der Ehe die Einwilligung der Eltern oder anderer Personen erforderlich ist, die Heiraths-Urkunde aufnehmen, ohne sich vorher von dem Dasein dieser Einwilligung ueberzeugt zu haben.

Art. 98.

Religionsdiener, welche zu den religioesen Feierlichkeiten einer Heirath schreiten, ohne daß ihnen vorher die durch den Personenstandsbeamten erfolgte Aufnahme der Heiraths-Urkunde nachgewiesen ist, werden mit Geldstrafe von fuenf bis zu funfzig Thalern, im zweiten Rueckfalle mit Gefaengniß von acht Tagen bis zu sechs Monaten bestraft.

Art. 99.

Wer einer Entbindung beigewohnt oder ein neugeborenes Kind gefunden hat, und die ihm in den buergerlichen Gesetzen auferlegte Verpflichtung ueber die Anmeldung desselben bei den Personenstandsbeamten nicht binnen der gesetzlichen Frist erfuellt, wird mit Gefaengniß von acht Tagen bis zu zwei Monaten bestraft.

Zehnter Titel.

Verbrechen und Vergehen gegen die Sittlichkeit.

Art. 100.

Wer oeffentlich eine Verletzung der Schamhaftigkeit begeht, wird mit Gefaengniß von drei Monaten bis zu einem Jahre bestraft.

Auch kann zugleich auf zeitige Untersagung der Ausuebung der staatsbuergerlichen Rechte erkannt werden.

Art. 101.

Mit Zuchthaus bis zu zehn Jahren wird bestraft:

1) wer an einer Person des einen oder des anderen Geschlechtes mit Gewalt eine unzuechtige Handlung veruebt oder sie durch Drohungen mit gegenwaertiger Gefahr fuer Leib oder Leben zur Duldung einer unzuechtigen Handlung zwingt;
2) wer eine in einem willenlosen oder bewußtlosen Zustande befindliche Person zu einer unzuechtigen Handlung mißbraucht;
3) wer mit Personen unter vierzehn Jahren unzuechtige Handlungen treibt oder dieselben zur Veruebung oder Duldung unzuechtiger Handlungen verleitet.

Ist der Tod der Person, gegen welche das Verbrechen veruebt wird, dadurch verursacht worden, so ist in allen Faellen die Strafe Zuchthaus von fuenf bis zu zwanzig Jahren.

Art. 102.

Mit Gefaengniß von drei Monaten bis zu zwei Jahren, so wie mit zeitiger Untersagung der Ausuebung der staatsbuergerlichen Rechte werden bestraft:

1) Eltern, welche mit ihren minderjaehrigen Kindern, Vormuender, welche mit ihren Pflegebefohlenen, Lehrer, Geist-

liche und Erzieher, welche mit ihren minderjaehrigen Schuelern oder Zoeglingen eine unzuechtige Handlung treiben, oder dieselben zur Veruebung oder zur Duldung einer unzuechtigen Handlung verleiten;

2) Beamte, welche mit Personen, gegen die sie eine Untersuchung zu fuehren haben, oder die ihrer Obhut anvertraut sind, eine unzuechtige Handlung treiben, oder dieselben zur Veruebung oder Duldung einer unzuechtigen Handlung verleiten;

3) Beamte, Aerzte oder Wundaerzte, die in Gefaengnißen, oder in oeffentlichen zur Pflege von Kranken, Armen oder anderen Huelflosen bestimmten Anstalten beschaeftigt oder angestellt sind, wenn sie mit den in der Anstalt aufgenommenen Personen eine unzuechtige Handlung treiben, oder dieselben zur Veruebung oder Duldung einer unzuechtigen Handlung verleiten.

Art. 103.

Weibspersonen, welche gewerbmaeßig Unzucht treiben, sollen mit Gefaengniß bis zu vier Wochen bestraft werden.

Das Gericht kann zugleich gegen eine Auslaenderin auf Landesverweisung, gegen eine Inlaenderin dahin erkennen, daß sie nach Beendigung der Gefaengnißstrafe in ein Arbeitshaus gebracht werde.

Die Dauer der Aufbewahrung in dem Arbeitshause soll in dem Urtheile bestimmt werden; sie darf niemals den Zeitraum eines Jahres uebersteigen; die Verwaltungsbehoerde ist befugt, die im Urtheil bestimmte Dauer nach den Umstaenden abzukuerzen.

Art. 104.

Wer gewohnheitsmaeßig durch seine Vermittelung, oder durch Gewaehrung oder Verschaffung von Gelegenheit, der Unzucht einer oder mehrerer Personen des einen oder des andern Geschlechts Vorschub leistet, wird wegen Kuppelei mit Gefaengniß von sechs Monaten bis zu zwei Jahren, so wie mit zeitiger Untersagung der Ausuebung der staatsbuergerlichen Rechte und Stellung unter besondere Polizei-Aufsicht bestraft.

Art. 105.

Die Kuppelei ist, selbst wenn sie nicht gewohnheitsmaeßig betrieben wird, mit Gefaengniß nicht unter Einem Jahre, so wie mit zeitiger Untersagung der Ausuebung der staatsbuergerlichen Rechte auf die Dauer von mindestens fuenf Jahren und Stellung unter besondere Polizeiaufsicht zu bestrafen:

1) wenn, um der Unzucht Vorschub zu leisten, hinterlistige Kunstgriffe angewendet worden sind;
2) wenn der Schuldige zu den Personen, mit welchen die Unzucht getrieben worden ist, in dem Verhaeltniße von Eltern zu Kindern, von Vormuendern zu Pflegebefohlenen, oder von Erziehern, Lehrern oder Geistlichen zu den von ihnen zu erziehenden oder zu unterweisenden Personen steht.

Art. 106.

Ein Ehegatte, welcher vor Aufloesung seiner Ehe eine neue Ehe schließt, imgleichen eine unverheirathete Person, welche mit einem Ehegatten, wißend, daß er verheirathet ist, eine Ehe schließt, wird mit Zuchthaus bis zu fuenf Jahren bestraft.

Eine gleiche Strafe trifft den Civilstandsbeamten, welcher wißend, daß eine Person verheirathet ist, bei Schließung einer neuen Ehe sein Amt verrichtet.

Art. 107.

Der Ehebruch wird, wenn wegen dieses Vergehens die Ehe geschieden ist, an dem schuldigen Ehegatten mit Gefaengniss von vier Wochen bis zu sechs Monaten bestraft.

Eilfter Titel.

Verletzungen der Ehre.

Art. 108.

Wer einen Andern oeffentlich beleidigt, hat Gefaengniss bis zu vier Monaten und Geldstrafe bis zu funfzig Thalern verwirkt.

Eine oeffentliche Beleidigung ist vorhanden, wenn die Beleidigung an einem oeffentlichen Orte oder in einer oeffentlichen Versammlung, oder wenn sie durch Schriften, Abbildungen oder Darstellungen geschieht, welche verkauft, vertheilt oder umhergetragen oder oeffentlich ausgestellt oder angeschlagen werden.

Art. 109.

Wer in Beziehung auf einen Andern eine unwahre Thatsache behauptet oder verbreitet, welche, wenn sie wahr waere, geeignet sein wuerde, denselben dem Haße oder der Geringschaetzung der Buerger auszusetzen, wird als Verlaeumder mit Gefaengniss von einem Monate bis zu einem Jahre und Geldbuße von zehn bis zu Einhundert Thalern bestraft; auch kann gegen denselben auf zeitige Untersagung der Ausuebung der staatsbuergerlichen Rechte erkannt werden.

Art. 110.

Jede Thatsache soll als unwahr erachtet werden, welche von demjenigen, der sie behauptet oder verbreitet, nicht in gesetzlicher Weise als wahr erwiesen wird.

Der Beweis der Wahrheit der behaupteten oder verbreiteten Thatsachen kann durch ein Urtheil oder eine andere oeffentliche Urkunde gefuehrt werden; ein Beweis durch Zeugen, Vermuthungen, Offenkundigkeit oder andere Beweismittel ist nur dann zulaeßig, wenn eine bestimmte Thatsache erwiesen wird, aus welcher hervorgeht, daß die Behauptung oder Verbreitung zur Befoerderung des oeffentlichen Wohls geschehen ist.

Ist die einem Andern beigemeßene Handlung in den Gesetzen mit Strafe bedroht, so ist der Beweis der Wahrheit nicht zulaeßig, wenn eine Freisprechung durch ein rechtskraeftiges Erkenntniss erfolgt ist.

Art. 111.

Die Behauptung oder Verbreitung erweislich wahrer Thatsachen ist als Beleidigung zu strafen, wenn sie in einer solchen Form oder solchen Umstaenden stattgefunden hat, daß daraus die Absicht einer Beleidigung hervorgeht.

Art. 112.

Wenn die Handlung, welche behauptet oder verbreitet worden, in den Gesetzen mit Strafe bedroht ist, und wegen derselben eine Untersuchung eingeleitet ist, oder eingeleitet wird, so soll bis zur Beendigung dieses Verfahrens mit dem Verfahren und mit dem Erkenntniss ueber die Verlaeumdung eingehalten werden.

Art. 113.

Wer bei einer Behoerde, zu deren Amt es gehoert, strafbare Handlungen zu ermitteln und zu untersuchen, eine Anzeige macht, durch welche er Jemanden wider beßeres Wißen der Veruebung einer gesetzlich strafbaren Handlung beschuldigt, wird mit Gefaengniß von drei Monaten bis zu zwei Jahren bestraft; auch kann gegen denselben auf zeitige Untersagung der Ausuebung der staatsbuergerlichen Rechte erkannt werden.

So lange ein Verfahren wegen der zur Anzeige gebrachten strafbaren Handlung anhaengig ist, soll mit dem Verfahren und mit dem Erkenntniß ueber die Verlaeumdung eingehalten werden.

Art. 114.

Die Verfolgung und Bestrafung von Verletzungen der Ehre soll nur stattfinden, wenn der Beleidigte als Civilklaeger auftritt*).

Zwoelfter Titel.

Verbrechen und Vergehen wider das Leben.

Art. 115.

Wer vorsaetzlich einen Menschen toedtet, begeht einen Todschlag und wird mit Zuchthaus von fuenf bis zu zwanzig Jahren bestraft.

Der Todschlag an einem leiblichen Verwandten der aufsteigenden Linie wird mit lebenswieriger Zuchthausstrafe bestraft.

Art. 116.

Wer vorsaetzlich und mit Vorbedacht einen Menschen toedtet, macht sich des Mordes schuldig und wird mit lebenswieriger Zuchthausstrafe bestraft.

Art. 117.

Wer vorsaetzlich seinen Gegner in einem Zweikampfe toedtet, wird mit Einschließung von zwei bis zu vier Jahren bestraft.

Es tritt Einschließung von drei bis zu sechs Jahren ein, wenn die Herausforderung dahin gerichtet war, daß Einer von beiden Theilen das Leben verlieren sollte, oder wenn diese Absicht aus der gewaehlten Art des Zweikampfs erhellt.

Ist die Toedtung mittelst vorsaetzlicher Uebertretung der vereinbarten Regeln des Zweikampfs bewirkt worden, so kommen die Vorschriften ueber Mord oder Todschlag zur Anwendung.

Art. 118.

Eine Mutter, welche ihr uneheliches Kind in oder gleich nach der Geburt vorsaetzlich toedtet, wird wegen Kindsmordes mit Zuchthaus von fuenf bis zu funfzehn Jahren bestraft.

---

*) Anmerkung: Die Formen und Bedingungen, unter welchen die Konstituirung als Civilklaeger erfolgt, sind in der Strafprozeß-Ordnung zu bestimmen. Vergl. namentlich wegen Bestellung eines Kostenvorschusses oder Beibringung eines Armuths-Attests das französische Dekret vom 18. Juni 1811, Art. 157. und folgd. (v. Daniels Sammlung Band 5. Seite 739.)

Wird die vorsaetzliche Toedtung des Kindes von einer andern Person als der Mutter veruebt, oder nimmt eine andere Person an dem Verbrechen des Kindesmordes Theil, so kommen gegen dieselbe die Bestimmungen ueber Mord und Todschlag, so wie ueber die Theilnahme an diesen Verbrechen zur Anwendung.

Art. 119.

Eine Schwangere, welche durch aeußere oder innere Mittel ihre Frucht vorsaetzlich abtreibt oder im Mutterleibe toedtet, wird mit Zuchthaus bis zu fuenf Jahren bestraft.

Derjenige, welcher mit Einwilligung der Schwangeren die Mittel angewendet oder verabreicht hat, wird mit der naemlichen Strafe belegt.

Art. 120.

Wer die Leibesfrucht einer Schwangeren ohne deren Wißen oder Willen vorsaetzlich abtreibt oder toedtet, wird mit Zuchthaus von fuenf bis zu zehn Jahren bestraft.

Wird dadurch der Tod der Schwangeren herbeigefuehrt, so kann auf Zuchthaus bis zu zwanzig Jahren erkannt werden.

Art. 121.

Wer ein Kind unter sieben Jahren, oder eine wegen Gebrechlichkeit oder Krankheit huelflose Person aussetzt, oder dieselben, wenn sie unter seiner Obhut stehen, in huelfloser Lage vorsaetzlich verlaeßt, wird mit Gefaengniß nicht unter drei Monaten bestraft.

Ist in Folge der Handlung der Tod der ausgesetzten oder verlaßenen Person eingetreten, so trifft den Schuldigen Zuchthaus bis zu zehn Jahren.

Ist die Handlung mit dem Vorsatze zu toedten veruebt, so kommen die Strafen des Mordes oder Kindesmordes, oder des Versuches dieser Verbrechen zur Anwendung.

Art. 122.

Wer durch Fahrlaeßigkeit den Tod eines Menschen herbeifuehrt wird mit Gefaengniß von zwei Monaten bis zu zwei Jahren bestraft

Art. 123.

Bei Feststellung des Thatbestandes der Toedtung kommt es nicht in Betracht, ob der toedtliche Erfolg einer Verletzung durch zeitige oder zweckmaeßige Huelfe haette verhindert werden koennen, oder ob eine Verletzung dieser Art in anderen Faellen durch Huelfe der Kunst geheilt worden, imgleichen ob die Verletzung nur wegen der eigenthuemlichen Leibesbeschaffenheit des Getoedteten, oder wegen der zufaelligen Umstaende, unter welchen sie zugefuegt wurde, den toedtlichen Erfolg gehabt hat.

Art. 124.

Wer ohne Erlaubniß der Behoerde einen Leichnam beerdigt oder bei Seite schafft, wird mit Geldbuße bis zu Zweihundert Thalern, oder mit Gefaengniß bis zu sechs Monaten bestraft.

Dreizehnter Titel.

Koerper-Verletzung.

Art. 125.

Wer vorsaetzlich einen Andern stoeßt oder schlaegt, oder demselben eine andere Mißhandlung oder Verletzung des Koerpers zufuegt, wird mit Gefaengnißstrafe bis zu zwei Jahren bestraft.

Ist die Mißhandlung oder Koerperverletzung gegen leibliche Verwandte in aufsteigender Linie oder mit Vorbedacht veruebt, so tritt Gefaengnißstrafe von drei Monaten bis zu drei Jahren ein.

Art. 126.

Hat die vorsaetzliche Mißhandlung oder Koerperverletzung eine Krankheit oder Arbeitsunfaehigkeit von einer laengeren als zwanzigtaegigen Dauer zur Folge gehabt, oder ist der Verletzte verstuemmelt oder der Sprache, des Gesichts, des Gehoers oder der Zeugungsfaehigkeit beraubt, oder in eine Geisteskrankheit versetzt worden, so tritt Zuchthaus bis zu zehn Jahren ein.

Art. 127.

Hat die vorsaetzliche Mißhandlung oder Koerperverletzung den Tod des Verletzten zur Folge gehabt, so ist die Strafe Zuchthaus von drei bis zu funfzehn Jahren.

Art. 128.

Wer vorsaetzlich seinem Gegner in einem Zweikampfe eine Koerperverletzung zufuegt, wird mit Gefaengniß bis zu sechs Monaten und im Falle einer schweren Koerperverletzung (Art. 126) mit Einschließung bis zu zwei Jahren bestraft.

Hat die Verletzung den Tod des Verletzten zur Folge gehabt, so tritt Einschließung bis zu drei Jahren ein.

Ist die Verletzung mittelst vorsaetzlicher Uebertretung der vereinbarten Regeln des Zweikampfs bewirkt worden, so kommen die allgemeinen Vorschriften ueber Koerperverletzung zur Anwendung.

Art. 129.

Wenn bei einer Schlaegerei oder bei einem von Mehreren veruebten Angriff eine schwere Mißhandlung oder Koerperverletzung (Art. 126) nicht durch die Handlung eines Einzelnen fuer sich, sondern durch das Zusammentreten der Handlungen Mehrerer verursacht worden ist, so wird Jeder, welcher eine dieser Handlungen veruebt hat, mit Zuchthaus bis zu fuenf Jahren bestraft.

Haben in einem solchen Falle die von Mehrereren veruebten Mißhandlungen oder Koerperverletzungen durch ihr Zusammentreffen den Tod des Verletzten zur Folge gehabt, so tritt Zuchthaus bis zu zehn Jahren ein.

Art. 130.

Wer vorsaetzlich einem Andern Gift oder andere Stoffe beibringt, welche die Gesundheit zu zerstoeren geeignet sind, wird mit Zuchthaus bis zu fuenf Jahren bestraft.

Hat die Handlung eine schwere Koerperverletzung (Art. 126) zur Folge gehabt, so besteht die Strafe in Zuchthaus von drei bis zu funfzehn Jahren.

Hat die Handlung den Tod zur Folge gehabt, so ist die Strafe lebenswieriges Zuchthaus.

Art. 131.

Wer durch Fahrlaeßigkeit einen Menschen koerperlich verletzt, oder an der Gesundheit beschaedigt, soll mit Geldstrafe von zehn bis zu Einhundert Thalern, oder mit Gefaengniß bis zu vier Monaten bestraft werden.

Art. 132.

Wer, ohne vorschriftsmaeßig approbirt zu sein, gewohnheitsmaeßig oder gegen Belohnung die Heilung einer aeußeren oder inneren Krankheit, oder eine geburtshuelfliche Handlung vornimmt, wird mit Geldbuße von fuenf bis zu funfzig Thalern, oder mit Gefaengniß bis zu sechs Monaten bestraft. Die Bestimmung findet keine Anwendung, wenn eine solche Handlung in einem Falle vorgenommen wird, in welchem zu dem dringend noethigen Beistande eine approbirte Medizinalperson nicht herbeigeschafft werden kann.

Vierzehnter Titel.

Verbrechen und Vergehen wider die persoenliche Freiheit.

Art. 133.

Wer sich eines Menschen durch List oder Gewalt bemaechtigt und denselben entfuehrt, um ihn entweder in huelfloser Lage auszusetzen, oder ihn in Sklaverei oder Leibeigenschaft oder in auswaertige Kriegsdienste oder Schiffsdienste zu bringen, wird mit Zuchthaus von fuenf bis zu zwanzig Jahren bestraft.

Art. 134.

Wer sich eines Menschen unter vierzehn Jahren durch List oder Gewalt bemaechtigt, und denselben entfuehrt, um ihn zum Betteln oder zu gewinnsuechtigen oder unsittlichen Zwecken oder Beschaeftigungen zu gebrauchen, wird mit Zuchthaus bis zu zehn Jahren bestraft.

Art. 135.

Wer sich eines Minderjaehrigen durch List oder Gewalt bemaechtigt, und denselben seinen Eltern oder Vormuendern entfuehrt, wird mit Gefaengniß nicht unter Einem Jahre bestraft.

Art. 136.

Wer sich einer Frauensperson durch List oder Gewalt bemaechtigt und dieselbe entfuehrt, um sie zur Unzucht oder zur Ehe zu bringen, wird mit Zuchthaus bis zu fuenf Jahren bestraft.

Art. 137.

Wer eine minderjaehrige unverehelichte Frauensperson mit ihrem Willen, jedoch ohne die Einwilligung ihrer Eltern oder ihres Vormundes entfuehrt, um mit ihr die Ehe zu schließen oder sie zur Unzucht zu bringen, hat Gefaengnißstrafe von drei Monaten bis zu zwei Jahren verwirkt.

Art. 138.

Hat der Entfuehrer (Art. 136. 137) die Entfuehrte geheirathet, so kann gegen denselben nur auf den Antrag derjenigen Personen verfahren werden, welche auf die Ungueltigkeitserklaerung der Ehe anzutragen befugt sind; auch darf derselbe nicht eher verurtheilt werden, als bis die Ehe vorher fuer ungueltig erklaert worden ist.

Art. 139.

Wer vorsaetzlich und widerrechtlich einen Menschen einsperrt oder auf andere Weise des Gebrauchs der persoenlichen Freiheit beraubt, wird mit Gefaengniß nicht unter drei Monaten bestraft.

Die Strafe ist Zuchthaus bis zu zehn Jahren:

1) wenn fuer den der Freiheit Beraubten die Freiheitsentziehung oder die ihm waehrend derselben widerfahrene Behandlung eine schwere Koerperverletzung (Art. 126) zur Folge gehabt;
2) wenn die Freiheits-Beraubung ueber einen Monat gedauert hat;
3) wenn das Verbrechen gegen leibliche Verwandte in aufsteigender Linie veruebt worden ist.

Art. 140.

Eine widerrechtliche Freiheitsberaubung ist nicht vorhanden, wenn eine Person, welche wegen eines Verbrechens oder Vergehens von der Polizeibehoerde gesetzlich verhaftet werden koennte, durch eine Privatperson festgenommen und der Behoerde ohne Verzug ueberliefert wird.

Art. 141.

Wer einen Andern zu einer Handlung oder Unterlaßung dadurch zwingt, oder zu zwingen versucht, daß er denselben schriftlich oder muendlich mit der Veruebung eines Verbrechens oder Vergehens bedroht, hat Gefaengniß bis zu Einem Jahre verwirkt.

Art. 142.

Wer Andere mit Brand oder Ueberschwemmung bedroht, wird mit Gefaengniß von zwei Monaten bis zu einem Jahre bestraft.

Art. 143.

Wenn mehrere Personen sich zusammenrotten und in die Wohnung eines Andern widerrechtlich eindringen, so werden dieselben mit Gefaengniß von acht Tagen bis zu sechs Monaten bestraft.

Funfzehnter Titel.

Diebstahl und Unterschlagung.*)

Art. 144.

Einen Diebstahl begeht, wer eine fremde bewegliche Sache einem Anderen in der Absicht wegnimmt, dieselbe sich rechtswidrig zuzueignen.

Art. 145.

Der Diebstahl und der Versuch des Diebstahls wird mit Gefaengniß nicht unter Einem Monat und mit zeitiger Untersagung der Ausuebung der staatsbuergerlichen Rechte bestraft. Der Schuldige kann zugleich unter Polizeiaufsicht gestellt werden.

Art. 146.

In folgenden Faellen soll die Gefaengnißstrafe nicht unter drei Monaten sein:

1) wenn Ackergeraethschaften, oder Thiere, welche zum Ackerbau gebraucht werden, von dem Felde, Thiere von der Weide, Fische aus Teichen oder Behaeltern, Bienstoecke von dem Stande, Tuch, Linnen, Gewebe oder Garn von dem Rahmen oder von der Bleiche gestohlen werden;
2) wenn Fruechte oder andere Bodenerzeugniße, welche bereits geerntet sind, von Feldern, Wiesen oder Gaerten gestohlen werden;

*) **Anmerkung:** Die Bestimmungen ueber den Holzdiebstahl, den Wilddiebstahl, so wie die Forst- und Jagd-Kontraventionen bleiben besonderen Verordnungen ueberlassen.

3) wenn eine Person, welche fuer Lohn oder Kost dient, den Diebstahl an ihrer Herrschaft oder an einem Dritten veruebt, welcher sich in der Wohnung der Herrschaft befindet; imgleichen wenn ein Arbeiter, Geselle oder Lehrling den Diebstahl in der Wohnung, der Werkstaette oder dem Waarenlager des Meisters begeht, oder wenn eine Person, welche in einer Wohnung gewoehnlich arbeitet, in dieser Wohnung stiehlt;
4) wenn ein Gastwirth oder ein Dienstbote deßelben Sachen eines aufgenommenen Gastes, oder wenn ein aufgenommener Gast in dem Gasthause stiehlt;
5) wenn Sachen, welche eine bloedsinnige Person oder ein Kind unter zwoelf Jahren an oder bei sich fuehrt, gestohlen werden;
6) wenn der Diebstahl waehrend einer Feuers- oder Wassersnoth an den gefaehrdeten oder gefluechteten Sachen begangen wird.

Art. 147.

Zuchthausstrafe bis zu zehn Jahren und Stellung unter besondere Polizeiaufsicht tritt in folgenden Faellen ein:

1) wenn der Diebstahl in einem bewohnten Gebaeude entweder zur Nachtzeit oder von mehrereren Personen begangen wird;
2) wenn in einem Gebaeude oder in einem umschloßenen Raume vermittelst Einbruchs oder Einsteigens gestohlen wird;
3) wenn der Diebstahl dadurch bewirkt wird, daß zur Eroeffnung eines Gebaeudes oder der Zugaenge eines umschloßenen Raumes, oder zur Eroeffnung der im Innern befindlichen Thueren oder Behaeltniße falsche Schlueßel angewendet werden;
4) wenn auf einem oeffentlichen Wege oder einer Waßerstraße oder Eisenbahn, oder in einem Postgebaeude oder dem dazu gehoerigen Hofraum, oder auf einem Eisenbahnhofe eine zum Reisegepaeck oder andern Gegenstaenden des Transports gehoerende Sache mittelst Abschneidens oder Abloesens der Befestigungs- oder Verwahrungsmittel oder durch Anwendung falscher Schlueßel gestohlen wird;
5) wenn der Dieb oder einer der Diebe, oder einer der Theilnehmer am Diebstahle Waffen bei sich fuehrt;
6) wenn zu dem Diebstahle Mehrere als Urheber oder Theilnehmer mitwirken, welche sich zur fortgesetzten Veruebung von Raub oder Diebstahl verbunden haben.

Art. 148.

Wer in den letzten zehn Jahren bereits zweimal oder mehreremale rechtskraeftig durch einen deutschen Gerichtshof wegen Diebstahls oder Raubes verurtheilt worden ist, soll wegen neuen einfachen Diebstahls mit Zuchthaus bis zu acht Jahren und wegen schweren Diebstahls (Art. 147) mit Zuchthaus von drei bis funfzehn Jahren bestraft werden.

In beiden Fallen ist auf Stellung unter besondere Polizeiaufsicht zu erkennen.

Art. 149.

Die strengere Strafe des in einem bewohnten Gebaeude begangenen Diebstahls wird dadurch nicht ausgeschloßen, daß zur Zeit desselben die Bewohner in dem Gebaeude nicht anwesend waren.

Art. 150.

Den bewohnten Gebaeuden werden gleichgestellt:

1) Schiffe, welche bewohnt werden;
2) die zum Gottesdienste bestimmten Gebaeude der im Staate gesetzlich bestehenden Religionsgesellschaften;
3) diejenigen oeffentlichen Gebaeude, welche zum Geschaeftsbetriebe oder zur Aufbewahrung von Sachen bestimmt sind;
4) der zu einem bewohnten oder demselben gleichgestellten (No. 2 und 3) Gebaeude gehoerige umschloßene Raum und alle die darin befindlichen Gebaeude jeder Art.

Ein Raum ist umschloßen, wenn man in denselben nur durch den Gebrauch von Schlueßeln oder durch Einbrechen oder Einsteigen gelangen kann.

Art. 151.

Einsteigen ist vorhanden, wenn der Eintritt in ein Gebaeude oder umschloßene Raeume ueber Dachwerk, Thueren, Mauern, Hecken oder andere Einfriedigungen, oder durch Fenster, Kellerloecher oder andere nicht zum Eingang bestimmte, unter oder ueber der Erde befindliche Oeffnungen bewirkt wird.

Art. 152.

Einbruch ist vorhanden:

1) wenn der Thaeter mittelst Gewalt an den Einfriedigungen oder an Gegenstaenden oder Vorrichtungen, welche das Ein-

dringen verhindern, einen vorher nicht vorhanden gewesenen oder einen verschloßenen Eingang sich oeffnet, oder eine schon vorhandene Oeffnung zum Eindringen erweitert, oder sonst eine Oeffnung macht, mittelst welcher er den Eingang zum Eindringen sich oeffnet, oder auch ohne einzudringen, den Diebstahl vollbringen kann;

2) wenn der Thaeter im Innern eines Gebaeudes in vorstehender Weise Thueren, Waende, Eingaenge oder Durchgaenge, Schraenke Kisten oder andere Behaeltnisse eroeffnet.

Art. 153.

Unter falschen Schlueßeln werden verstanden: nachgemachte, veraenderte oder solche Schlueßel, welche fuer das Schloß, bei welchem der Thaeter sie anwendet, nicht bestimmt sind, so wie Dietriche, Haken und andere zum Oeffnen von Schloeßern brauchbare Werkzeuge.

Art. 154.

Wer Fruechte oder andere Boden-Erzeugniße, bevor sie geaerndtet sind, bei Nachtzeit oder in Gemeinschaft mit einer andern Person, oder unter Gebrauch von Koerben oder Saecken oder andern derartigen Geraethschaften, oder unter Anwendung von Wagen, Karren oder Lastthieren von Felder, Wiesen oder Gaerten stiehlt, oder zu stehlen versucht, soll wegen Felddiebstahls mit Gefaengniß bis zu Einem Jahre bestraft werden; zugleich kann auf zeitige Untersagung der Ausuebung der staatsbuergerlichen Rechte erkannt werden.

Art. 155.

Wer eine fremde bewegliche Sache, deren Besitz oder Gewahrsam er mit der Verpflichtung erlangt hat, sie zu verwahren, zu verwalten, zurueckzugeben oder abzuliefern, zum Nachtheile des Eigenthuemers, Besitzers oder Inhabers veraeußert, verpfaendet, verbraucht oder bei Seite schafft, macht sich einer Unterschlagung schuldig.

Art. 156.

Einer Unterschlagung wird es gleich geachtet, wenn derjenige, welcher eine fremde bewegliche Sache gefunden oder durch Zufall in seine Gewahrsam bekommen hat, dieselbe zum Nachtheile des Eigenthuemers, Besitzers oder Inhabers veraeußert, verpfaendet, verbraucht oder bei Seite schafft.

Art. 157.

Die Unterschlagung, so wie der Versuch der Unterschlagung wird mit Gefaengnis nicht unter vierzehn Tagen und mit zeitiger Untersagung der Ausuebung der staatsbuergerlichen Rechte bestraft.

Art. 158.

Entwendungen, oder Unterschlagungen, welche von einem Ehegatten gegen den andern, oder von Eltern oder Großeltern gegen ihre Kinder oder Enkel, oder von Kindern oder Enkeln gegen ihre Eltern oder Großeltern begangen werden, sind straflos.

Diese Bestimmung findet keine Anwendung auf andere Personen, welche als Theilnehmer oder Hehler schuldig sind.

Sechszehnter Titel.

Raub und Erpressung.

Art. 159.

Einen Raub begeht, wer mit Gewalt gegen eine Person oder unter Anwendung von Drohungen mit gegenwaertiger Gefahr fuer Leib oder Leben eine fremde bewegliche Sache einem Andern in der Absicht wegnimmt, sich dieselbe rechtswidrig zuzueignen.

Art. 160.

Der Raub wird mit Zuchthaus von drei bis zu zwoelf Jahren, so wie mit Stellung unter besondere Polizeiaufsicht bestraft.

Art. 161.

Der Raub wird mit Zuchthaus von fuenf bis zu funfzehn Jahren, so wie mit Stellung unter besondere Polizeiaufsicht bestraft:

1) wenn der Raeuber oder einer der Raeuber oder Theilnehmer am Raube Waffen bei sich fuehrt;

2) wenn zu dem Raube Mehrere als Urheber oder Theilnehmer mitwirken, welche sich zur fortgesetzten Veruebung von Raub oder Diesbtahl verbunden haben;

3) wenn der Raub auf einem oeffentlichen Wege oder Platze veruebt wird.

Art. 162.

Der Raub wird mit zehn bis zu zwanzig Jahren, so wie mit Stellung unter besondere Polizeiaufsicht bestraft:

1) wenn bei dem Raube ein Mensch gemartert oder verstuemmelt, der Sprache, des Gesichts, des Gehoers oder der Zeugungsfaehigkeit beraubt, oder durch Mißhandlung oder Koerper-Verletzung in eine Geisteskrankheit versetzt oder laenger als zwanzig Tage krank oder arbeitsunfaehig gewesen ist;

2) wenn bei dem Raube der Tod eines Menschen durch Mißhandlung oder Koerperverletzung verursacht wird.

Art. 163.

Wer, um sich oder Dritten einen rechtswidrigen Vortheil zu verschaffen einen Andern zu einer Handlung oder Unterlaßung dadurch zwingt oder zu zwingen versucht, daß er denselben schriftlich oder muendlich mit der Veruebung eines Verbrechens oder Vergehens bedroht, macht sich der Erpreßung schuldig.

Art. 164.

Die Erpreßung wird mit Gefaengniß nicht unter drei Monaten und zeitiger Untersagung der Ausuebung der staatsbuergerlichen Rechte bestraft. Der Schuldige kann zugleich unter besondere Polizeiaufsicht gestellt werden.

Besteht das angedrohte Verbrechen in Mord, Brandstiftung oder Verursachung einer Ueberschwemmung, so wird der Thaeter mit Zuchthaus bis zu fuenf Jahren und Stellung unter besondere Polizeiaufsicht bestraft.

Art. 165.

Geschieht die Erpreßung durch Drohungen mit gegenwaertiger Gefahr fuer Leib oder Leben, oder durch Gewalt gegen eine Person, so finden die Strafbestimmungen ueber den Raub (Art. 159—162) Anwendung.

Siebzehnter Titel.

Betrug.

Art. 166.

Wer mittelst Gebrauch falscher Namen oder falscher Eigenschaften, oder mittelst kuenstlicher Vorspiegelungen, welche zu der irrigen Annahme verleiten, daß ein Unternehmen zu machen, ein Ereigniß zu hoffen oder zu fuerchten, oder daß eine Vollmacht oder ein Kredit gegeben sei, bewirkt, daß ihm zum Nachtheil des Getaeuschten oder eines Dritten Gelder oder Sachen verabfolgt, oder verpflichtende oder befreiende Urkunden ausgestellt oder uebergeben, macht sich des Betruges schuldig.

Art. 167.

Der Betrug, so wie der Versuch des Betruges wird mit Gefaengniß nicht unter Einem Monate und zeitiger Untersagung der Ausuebung der staatsbuergerlichen Rechte bestaft.

Art. 168.

Einem Betruge wird es gleich geachtet, wenn Jemand sich wißentlich unrichtiger zum Meßen oder Wiegen bestimmter Werkzeuge zum Nachtheile eines Andern bedient oder den Ankaeufer einer Waare ueber die Natur derselben taeuscht, oder einen Ankaeufer von Gold oder Silber ueber die Eigenschaften dieser Waare hintergeht, indem er ihm geringhaltigeres Gold oder Silber fuer vollhaltigeres verkauft.

Art. 169.

Mit Gefaengniß nicht unter drei Monaten und zeitiger Untersagung der Ausuebung der staatsbuergerlichen Rechte wird bestraft:

1) wer aechte, zum Umlauf bestimmte Metallgeldstuecke durch Beschneiden, Abfeilen oder auf andere Art verringert und als vollgueltig ausgiebt oder auszugeben versucht;
2) wer Geldpakete, die mit einem oeffentlichen Siegel verschloßen und mit Angabe des Inhaltes versehen sind, zu ihrem vollen Inhalte ausgiebt oder auszugeben versucht, obgleich er weiß, daß sie eroeffnet und ihr Inhalt verringert worden;
3) wer Graenzsteine oder andere zur Bezeichnung einer Graenze oder des Waßerstandes bestimmte Merkmale zum Nachtheil

eines Andern wegnimmt, vernichtet, unkenntlich macht, verrueckt oder faelschlich setzt;

4) wer Urkunden, welche ihm entweder gar nicht, oder nicht ausschließlich gehoeren, zum Nachtheil eines Andern vernichtet, beschaedigt oder unterdrueckt.

Art. 170.

Wer ein mit der Unterschrift eines Andern versehenes Papier, welches ihm als Blanket anvertraut worden, ohne den Willen oder nicht nach dem Willen des Unterzeichners ausfuellt und zu dessen oder eines Andern Nachtheil davon Gebrauch macht oder Gebrauch zu machen versucht, soll mit Gefaengniß nicht unter sechs Monaten, so wie mit zeitiger Untersagung der Ausuebung der staatsbuergerlichen Rechte bestraft werden.

Ist das mit der Unterschrift eines Andern versehene Papier demjenigen, welcher es ausfuellt, nicht anvertraut worden, so kommen die Bestimungen ueber die Urkundenfaelschung zur Anwendung.

Art. 171.

Wer vorsaetzlich zum Nachtheil des Versicherers eine gegen Feuersgefahr versicherte Sache in Brand setzt, oder ein Schiff, welches als solches oder in seiner Ladung versichert ist, sinken oder stranden macht, wird mit Zuchthaus bis zu fuenf Jahren bestraft.

Achtzehnter Titel.

Urkundenfaelschung.

Art. 172.

Wer zum Nachtheil eines Andern eine unaechte Urkunde anfertigt, oder eine aechte Urkunde durch Zusatz, Ausloeschung oder auf andere Art veraendert, oder von einer solchen falschen oder verfaelschten Urkunde, wissend, daß sie falsch oder verfaelscht ist, Gebrauch macht, hat Zuchthaus bis zu fuenf Jahren verwirkt.

Unter Urkunde ist jede Schrift zu verstehen, welche zum Beweise von Vertraegen, Verfuegungen, Verpflichtungen, Befreiungen oder ueberhaupt von Rechten oder Rechtsverhältnißen von Erheblichkeit ist.

Art. 173.

Die Urkundenfaelschung und der wißentliche Gebrauch falscher oder verfaelschter Urkunden wird mit Zuchthaus bis zu zehn Jahren bestraft, wenn das Verbrechen eine der folgenden Arten von Urkunden zum Gegenstande hat:

1) Urkunden, welche von Staatsbehoerden, Kommunen oder Korporationen des Inlandes oder Auslandes, von inlaendischen oder auslaendischen Beamten, oder von solchen Personen, welche nach den Gesetzen des Inlandes oder Auslandes oeffentlichen Glauben haben, aufgenommen, ausgefertigt, oder beglaubigt werden;
2) Buecher, Register, Kataster oder Inventarien, welche unter amtlichem Glauben gefuehrt werden;
3) letztwillige Verordnungen;
4) Wechsel, kaufmaennische Anweisungen und Handelsbillets.

Art. 174.

Wer zum Nachtheil eines Andern bewirkt, daß Verhandlungen, Erklaerungen oder Thatsachen, welche fuer Rechte oder Rechtsverhaeltniße von Erheblichkeit sind, in oeffentliche Urkunden, Buecher oder Register als abgegeben oder geschehen beurkundet werden, waehrend sie gar nicht oder in anderer Weise oder von andern Personen abgegeben oder geschehen sind, wird mit Zuchthaus bis zu zehn Jahren bestraft.

Dieselbe Strafe trifft denjenigen, welcher zum Nachtheil eines Andern von solchen falschen Beurkundungen, wißend, daß sie falsch sind, Gebrauch macht.

Art. 175.

Wer unaechtes Stempelpapier anfertigt, um es als aecht zu verwenden oder an einen Andern abzugeben, wer in gleicher Absicht Stempelpapier durch Zusatz, Ausloeschung oder auf andere Art am Stempel veraendert, imgleichen, wer in der gedachten Absicht falsches oder verfaelschtes Stempelpapier, wißend, daß es falsch oder verfaelscht ist, fuer aecht verwendet oder daßelbe an einen Andern abgiebt oder abzugeben versucht, wird mit Gefaengniß nicht unter drei Monaten so wie mit zeitiger Untersagung der Ausuebung der staatsbuergerlichen Rechte bestraft.

Art. 176.

Mit Gefaengniss von acht Tagen bis zu drei Monaten wird bestraft:

1) wer einen falschen Reisepaß anfertigt, einen aechten Reisepass verfaelscht oder von einem falschen oder verfaelschten Reisepasse wißentlich Gebrauch macht;

2) wer sich einen Reisepass auf einen falschen Namen ausstellen laeßt, von einem auf einen andern Namen ausgestellten Reisepaße, als sei er fuer ihn ausgestellt, wissentlich Gebrauch macht, einen fuer ihn ausgestellten Reisepaß einem Andern zum Gebrauche ueberlaeßt, oder als Zeuge dazu mitwirkt, daß ein Reisepaß unter falschem Namen verabfolgt wird.

Dieselbe Strafe tritt ein, wenn die vorstehend bezeichneten Handlungen in Beziehung auf Wanderbuecher oder sonstige Legitimations-Papiere, welche die Stelle der Reisepaeße vertreten, begangen werden.

Art. 177.

Mit Gefaengniss von vierzehn Tagen bis zu sechs Monaten wird bestraft:

1) wer unter dem Namen eines Beamten oder einer Behoerde ein Zeugniss ueber gute Auffuehrung, Armuth oder sonstige Umstaende anfertigt, welche geeignet sind, die darin bezeichnete Person dem Wohlwollen Anderer zu empfehlen, um ihr Unterkommen oder Unterstuetzung zu verschaffen;

2) wer ein urspruenglich aechtes Zeugniss dieser Art verfaelscht, um es auf eine andere Person, als fuer welche es ausgestellt war, passend zu machen;

3) wer von einem derartigen falschen oder verfaelschten Zeugniße wißentlich Gebrauch macht.

Art. 178.

Wer, um seine oder Anderer Befreiung von dem Militairdienste oder einem anderen oeffentlichen Dienste zu erwirken, unter dem Namen eines Arztes, Wundarztes oder einer anderen Medizinal-Person ein Zeugniss ueber Krankheit oder Gebrechlichkeit ausstellt, wird mit Gefaengniss von vier Wochen bis zu Einem Jahre bestraft; auch kann gegen denselben auf zeitige Untersagung der Ausuebung der staatsbuergerlichen Rechte erkannt werden.

Art. 179.

Aerzte, Wundaerzte oder andere Medizinal-Personen, welche Zeugniße ueber Krankheiten oder Gebrechlichkeiten, die geeignet sind, von dem Militairdienste oder einem anderen oeffentlichen Dienste zu befreien, wider besseres Wißen ausstellen, um diese Befreiung zu erwirken, werden mit Gefaengniss von drei bis zu achtzehn Monaten ten, so wie mit zeitiger Untersagung der Ausuebung der staatsbuergerlichen Rechte bestraft.

Art. 180.

Wer, um seine oder eines Anderen Befreiung von dem Militairdienste oder einem andern oeffentlichen Dienste zu erwirken, von einem Zeugniße der in den Art. 178 und 179 erwaehnten Art Gebrauch macht, wird mit Gefaengnis von vier Wochen bis zu einem Jahre bestraft, auch kann gegen denselben auf zeitige Untersagung der staatsbuergerlichen Rechte erkannt werden.

Neunzehnter Titel.

Bankerutt.

Art. 181.

Handelsleute, Schiffsrheder und Fabrikbesitzer, welche ihre Zahlungen eingestellt haben, werden, als des betrueglichen Bankerutts schuldig, mit Zuchthaus bis zu zehn Jahren bestraft:

1) wenn sie ihr Vermoegen ganz oder theilweise verheimlicht oder bei Seite geschafft haben;
2) wenn sie Schulden oder Rechtsgeschaefte anerkannt, unterzeichnet oder aufgestellt haben, welche ganz oder theilweise erdichtet sind.
3) wenn sie in der Absicht, ihre Glaeubiger zu benachtheiligen gen, Handelsbuecher zu fuehren unterlaßen haben, obgleich deren Fuehrung gesetzlich vorgeschrieben, oder nach der Beschaffenheit ihres Geschaefts erforderlich ist;
4) wenn sie in gleicher Absicht ihre Handelsbuecher so gefuehrt oder veraendert haben, daß dieselben keine Uebersicht des Vermoegenszustandes gewaehren.

Art. 182.

Mit Zuchthaus bis zu fuenf Jahren wird bestraft:

1) wer im Intereße eines Handelsmanns, Schiffsrheders oder Fabrikbesitzers, welcher seine Zahlungen eingestellt hat, dessen Vermoegen ganz oder theilweise verheimlicht oder bei Seite geschafft hat;
2) wer im Intereße des Falliten oder um sich oder Andern Vortheil zu verschaffen, erdichtete Forderungen in eigenem Namen oder durch zwischen geschobene Personen geltend gemacht hat.

Hat der Thaeter im Einverstaendniss mit dem Falliten gehandelt, so kommen die allgemeinen Vorschriften ueber die Theilnahme an Verbrechen zur Anwendung.

Art. 183.

Handelsleute, Schiffsrheder und Fabrikbesitzer, welche ihre Zahlungen eingestellt haben, werden wegen einfachen Bankerutts mit Gefaengniss von Einem Monat bis zu Einem Jahre bestraft:

1) wenn sie durch Ausschweifungen, Aufwand, Spiel, Handelsoperationen, welche auf reinen Zufall berechnet waren, oder Differenz-Handel mit Waaren, oder Boersen-Effekten uebermaeßige Summen verbraucht haben oder schuldig geworden sind;
2) wenn sie die Handelsbuecher zu fuehren unterlaßen haben, deren Fuehrung gesetzlich vorgeschrieben oder nach der Beschaffenheit ihres Geschaefts erforderlich war, oder wenn sie die Handelsbuecher so unordentlich gefuehrt haben, daß dieselben keine Uebersicht des Vermoegenszustandes gewaehren;
3) wenn sie unterlassen haben, die Balance ihres Vermoegens jaehrlich zu ziehen, obgleich dies gesetzlich vorgeschrieben oder nach der Beschaffenheit ihres Geschaeftes erforderlich war;
4) wenn sie, obgleich das Vermoegen nach der letzten Balance nicht die Haelfte der Schulden deckte, neue Schulden gemacht, oder Waaren oder Kreditpapiere unter dem Werthe verkauft haben.

Art. 184.

Der Glaeubiger, welcher nach Einstellung der Zahlung zu seiner

Beguenstigung und zum Nachtheil der Gesammtheit der Glaeubiger einen besonderen Vertrag mit dem Falliten eingeht, oder sich von dem Falliten oder anderen Personen besondere Vortheile dafuer gewaehren oder versprechen laeßt, daß er bei der Berathung und Beschlußnahme der Glaeubiger in einem gewissen Sinne stimme, wird mit Gefaengniss von Einem Monat bis zu Einem Jahre bestraft.

Art. 185.

Wenn Waarenmaekler, Wechselmaekler, Sensalen und Notarien Handelsgeschaefte betreiben, so sollen dieselben, im Falle sie ihre Zahlungen einstellen und der in diesem Titel erwaehnten Handlungen schuldig sind, denselben Strafen, wie Handelsleute, unterliegen.

Zwanzigster Titel.

Strafbarer Eigennutz.

Art. 186.

Wer sich gewohnheitsmaeßig von seinen Schuldnern hoehere Zinsen, als die Gesetze zulaßen, vorbedingt oder zahlen laeßt, ist wegen Wuchers mit Gefaengniss von drei Monaten bis zu Einem Jahre und mit Geldbuße von funfzig bis zu Eintausend Thalern, so wie mit zeitiger Untersagung der Ausuebung der staatsbuergerlichen Rechte zu bestrafen.

Art. 187.

Wer ohne Erlaubnis der Behoerde gewerbmaeßig auf Pfaender leiht, wird mit Gefaengniss von acht Tagen bis zu zwei Monaten bestraft.

Art. 188.

Oeffentliche Pfandleiher, welche die von ihnen in Pfand genommenen Gegenstaende unbefugt in Gebrauch nehmen, werden mit Gefaengnis bis zu einem Monat bestraft.

Art. 189.

Inhaber oeffentlicher Versammlungs-Oerter, welche gewohnheitsmaeßig Hazardspiele dulden, werden mit Gefaengniss bis zu sechs Monaten bestraft.

Art. 190.

Wer ohne obrigkeitliche Erlaubniss oeffentliche Lotterieen veranstaltet, wird mit Geldbuße bis zu Fuenfhundert Thalern bestraft.

Den Lotterien sind hierbei alle oeffentlich veranstalteten Ausspielungen beweglicher oder unbeweglicher Sachen gleich zu achten.

Art. 191.

Wer Waaren oder deren Verpackung faelschlich mit dem Namen oder der Firma und mit dem Wohn- oder Fabrik-Ort eines inlaendischen Fabrik-Unternehmens, Produzenten oder Kaufmanns bezeichnet, oder wißentlich dergleichen faelschlich bezeichnete Waaren in den Verkehr bringt, soll mit Gefaengnissstrafe bis zu Einem Jahre und mit Geldbuße bis zu Eintausend Thalern bestraft werden.

Die Strafe wird dadurch nicht ausgeschloßen, dass bei der Waarenbezeichnung der Name oder die Firma, und der Wohn- oder Fabrik-Ort mit geringen Abaenderungen wiedergegeben werden, welche nur durch Anwendung besonderer Aufmerksamkeit wahrgenommen werden koennen.

Art. 192.

Wer Andere vom Mitbieten oder Weiterbieten bei den von oeffentlichen Behoerden oder Beamten vorgenommenen Versteigerungen, dieselben moegen Verkaeufe, Verpachtungen, Lieferungen, Unternehmungen oder Geschaefte irgend einer Art betreffen, durch Gewalt oder Drohung oder durch Zusicherung oder Gewaehrung eines Vortheils abhaelt, wird mit Gefaengniss von vierzehn Tagen bis zu sechs Monaten bestraft.

Art. 193.

Wer seine eigene bewegliche Sache dem Nutznießer, Pfandglaeubiger oder demjenigen, welchem an der Sache das Zurueckbehaltungsrecht zusteht, wegnimmt, um sich die Verfuegung ueber die Sache rechtswidrig zuzueignen, wird mit Gefaengniss von acht Tagen bis zu zwei Jahren bestraft; auch kann gegen denselben auf zeitige Untersagung der Ausuebung der staatsbuergerlichen Rechte erkannt werden.

Die Bestimmungen des § 158. findet hier gleichfalls Anwenwendung.

Art. 194.

Wer eine Urkunde, ein Aktenstueck oder eine Denkschrift vorsaetzlich bei Seite schafft, nachdem er sie in einer gerichtlichen Streitsache vorgelegt hatte, wird mit Geldbuße bis zu Einhundert Thalern bestraft.

Art. 195.

Wer Sachen, welche durch die zustaendigen Behoerden oder Beamten gegen ihn gepfaendet oder in Beschlag genommen worden sind, vorsaetzlich ganz oder theilweise der Pfaendung oder Beschlagnahme entzieht, bei Seite schafft, verbringt oder zerstoert, wird mit Gefaengniss von acht Tagen bis zu sechs Monaten bestraft.

Mit der naemlichen Strafe werden bestraft:

1) der Ehegatte des Gepfaendeten, deßen Verwandte oder Verschwaegerte in aufsteigender Linie, welche mit Kenntniss der Pfaendung oder Beschlagnahme sich einer der gedachten Handlungen schuldig machen;
2) der von der Behoerde oder dem Beamten bestellte Hueter, welcher im Intereße des Gepfaendeten eine der gedachten Handlungen selbst veruebt oder dass sie von einem Dritten veruebt werden, gestattet;
3) ein Dritter, welcher im Intereße des Gepfaendeten mit Kenntniss der Pfaendung oder Beschlagnahme, eine der gedachten Handlungen veruebt.

Art. 196.

Wer unberechtigt fischt, wird mit Geldbuße von fuenf bis zu funfzig Thalern oder mit Gefaengniss bis zu vier Monaten bestraft.

Diese Bestimmung begreift nicht die durch den § 146 vorgesehene Entwendung von Fischen aus Fischhaeltern oder Teichen.

Einundzwanzigster Titel.

Vermoegensbeschaedigung.

Art. 197.

Wer fremde geerndtete Fruechte auf dem Felde, Bienenstoecke auf dem Stande, Linnen, Gewebe, oder Garne auf dem Rahmen oder auf der Bleiche, oder fremde Geraethschaften, Stoffe oder Waaren, welche zum Ackerbau, zur Viehzucht oder zum Betriebe eines Gewerbes, einer Kunst oder des Handels bestimmt sind, vorsaetzlich beschaedigt oder zerstoert, wird mit Gefaengniss bis zu sechs Monaten bestraft.

Eine gleiche Strafe trifft denjenigen, welcher fremde Mauern, Waende, Hecken, Thueren, Fenster oder Einfriedigungen ganz oder theilweise vorsaetzlich einschlaegt oder zerstoert.

Art. 198.

Wer fremde Zugthiere, Lastthiere, Nutzthiere oder Hausthiere vorsaetzlich ohne gerechte Veranlaßung toedtet, wird mit Gefaengniss bis zu sechs Monaten bestraft.

Wer eines der gedachten Thiere vorsaetzlich durch Gift toedtet oder Weiden, Traenken, Futter oder Futterbehaelter, welche fuer solche Thiere bestimmt sind, vergiftet, imgleichen wer Fische in Teichen oder Fischbehaeltern vergiftet, soll mit Gefaengniss von Einem Monat bis zu Zwei Jahren bestraft werden.

Art. 199.

Wer eine stehende Erndte, ein bestelltes Feld, eine Pflanzung oder eine Waldung eines Andern vorsaetzlich verwuestet, wer ein fremdes Feld mit Unkraut oder mit schaedlichem Saamen besaeet, wer um einen Andern zu beschaedigen Getreide oder Futterkraeuter desselben auf dem Felde abmaeht, imgleichen wer einen oder mehrere Baeume eines Andern vorsaetzlich faellt, verstuemmelt oder verdirbt, wird mit Gefaengniss von acht Tagen bis zu Einem Jahre bestraft.

Art. 200.

Wer Gegenstaende der Verehrung einer im Staate gesetzlich bestehenden Religionsgesellschaft, oder Sachen, die dem Gottesdienste gewidmet sind, oder Grabmaeler, oeffentliche Denkmaeler, Gegenstaende der Kunst, der Wissenschaft oder des Gewerbes, welche in oeffentlichen Sammlungen aufbewahrt werden, oder oeffentlich aufgestellt sind, oder Sachen, welche zum oeffentlichen Nutzen oder zur Verschoenerung oeffentlicher Anlagen dienen, vorsaetzlich zerstoert oder beschaedigt, wird mit Gefaengniß von vierzehn Tagen bis zu zwei Jahren bestraft.

Art. 201.

Wer vorsaetzlich ein Gebaeude, ein Schiff, eine Bruecke, einen Damm, eine gebaute Straße, eine Eisenbahn, oder ein sonstiges Bauwerk, welche fremdes Eigenthum sind, ganz oder theilweise zerstoert, soll mit Gefaengniss nicht unter zwei Monaten bestraft werden.

Art. 202.

Wenn sich mehrere Personen zusammenrotten und oeffentlich mit vereinten Kraeften bewegliche oder unbewegliche Sachen eines Andern pluendern, verwuesten oder zerstoeren, so sollen dieselben mit Zuchthaus bis zu acht Jahren bestraft werden, zugleich kann auf Stellung unter besondere Polizei-Aufsicht erkannt werden.

Zweiundzwanzigster Titel.

Gemeingefaehrliche Verbrechen und Vergehen.

Art. 203.

Wegen Brandstiftung wird mit Zuchthaus von fuenf bis zu funfzehn Jahren, und wenn in Folge des Brandes ein Mensch das Leben verloren hat, mit Zuchthaus von zehn bis zu zwanzig Jahren bestraft:

1) wer vorsaetzlich ein Gebaeude, ein Schiff, oder eine Huette, welche zur Wohnung von Menschen dienen, oder ein zum Gottesdienste bestimmtes Gebaeude in Brand setzt;
2) wer vorsaetzlich ein Gebaeude, ein Schiff, oder eine Huette welche Zeitweise zum Aufenthait von Menschen dienen, zu einer Zeit in Brand setzt, in welcher darin Menschen sich aufzuhalten pflegen;
3) wer vorsaetzlich Eisenbahnwagen, Bergwerke oder andere zum Aufenthalt von Menschen zeitweise dienende Raeumlichkeiten zu einer Zeit vorsaetzlich in Brand setzt, zu welcher sich Menschen darin aufzuhalten pflegen.

In allen diesen Faellen macht es keinen Unterschied, ob die in Brand gesetzten Gegenstaende ein Eigenthum des Thaeters sind oder nicht.

Art. 204.

Wer vorsaetzlich Gebaeude, Magazine, Vorraethe von Fruechten, von Bau- und Brenn-Materialien, Fruechte auf dem Felde, Buesche, Waldungen oder Torfmoore, welche fremdes Eigenthum sind, in Brand steckt, wird mit Zuchthaus bis zu zehn Jahren bestraft.

Art. 205.

Wer vorsaetzlich eigene oder fremde Sachen, welche vermoege ihrer Beschaffenheit und Lage geeignet sind, den in den Art. 203. und 204. genannten Gegenstaenden das Feuer mitzutheilen, in

Brand setzt, soll ebenso bestraft werden, wie derjenige, welcher jene Gegenstaende unmittelbar in Brand setzt.

Art. 206.

Wer durch Fahrlaessigkeit einen Brand der in den Art. 203. bis 205. erwaehnten Art verursacht, wird mit Geldbuße von zehn bis zu Einhundert Thalern oder mit Gefaengniss bis zu sechs Monaten, und wenn durch den Brand ein Mensch das Leben verloren hat, mit Gefaengniß von zwei Monaten bis zu zwei Jahren bestraft.

Art. 207.

Die in den Art. 203. bis 206. bestimmten Strafen kommen nach den dort aufgestellten Unterscheidungen auch gegen denjenigen zur Anwendung, welcher durch Gebrauch von Pulver oder andern explodirenden Stoffen Gebaeude, Huetten, Schiffe, Magazine oder andere Raeumlichkeiten zerstoert.

Art. 208.

Wer vorsaetzlich eine Ueberschwemmung verursacht, durch welche ein bewohnter Ort oder die Feldflur einer Gemeinde unter Wasser gesetzt wird, soll mit Zuchthaus von fuenf bis zu funfzehn Jahren und wenn in Folge der Ueberschwemmung ein Mensch das Leben verloren hat, mit Zuchthaus von zehn bis zu zwanzig Jahren bestraft werden.

Wer eine solche Ueberschwemmung durch Fahrlaeßigkeit verursacht, wird mit Geldbuße von zehn bis zu Einhundert Thalern oder Gefaengniss bis zu sechs Monaten und wenn dadurch ein Mensch das Leben verloren hat, mit Gefaengnis von zwei Monaten bis zu zwei Jahren bestraft.

Art. 209.

Wer vorsaetzlich an Eisenbahn-Anlagen, deren Transportmitteln oder anderem Zubehoer solche Beschaedigungen veruebt, oder auf der Fahrbahn durch Aufstellen, Hinlegen oder Hinwerfen von Gegenstaenden, oder durch Verrueckung der Schienen oder auf andere Weise solche Hinderniße bereitet, dass dadurch der Transport auf der Bahn in Gefahr gesetzt wird, hat Zuchthaus bis zu zehn Jahren verwirkt.

Hat die Handlung die schwere Koerperverletzung eines Menschen (Art. 126.) zur Folge gehabt, so tritt Zuchthaus von fuenf bis zu funfzehn Jahren, und hat in Folge der Handlung ein Mensch das Leben verloren, Zuchthaus von zehn bis zu zwanzig Jahren ein.

Art. 210.

Wer fahrlaeßigerweise durch Handlungen der im Art. 209. bezeichneten Art den Transport auf einer Eisenbahn in Gefahr setzt, wird mit Gefaengniß bis zu sechs Monaten und wenn dadurch ein Mensch das Leben verloren hat, mit Gefaengniss von zwei Monaten bis zu zwei Jahren bestraft.

Eine gleiche Strafe haben die zur Leitung der Eisenbahn-Fahrten und zur Aufsicht ueber die Bahn und den Transportbetrieb angestellten Personen (Eisenbahn-Beamten) verwirkt, wenn sie durch Vernachlaeßigung der ihnen obliegenden Pflichten einen Transport in Gefahr setzen.

Art. 211.

Eisenbahn-Beamte, welche wegen eines der in den Art. 209. und 210. bezeichneten Verbrechen oder Vergehen verurtheilt werden, sollen zugleich ihrer Anstellung fuer verlustig und zu jeder fernern Anstellung bei einer Eisenbahn oder dem Transportbetriebe auf derselben fuer unfaehig erklaert werden.

Art. 212.

Die Vorsteher der Eisenbahn- oder Transport-Unternehmung, welche die Entfernung des verurtheilten Eisenbahn-Beamten nach der Mittheilung des rechtskraeftigen Erkenntnißes nicht sogleich bewirken, sollen mit einer Geldstrafe von zehn bis zu Einhundert Thalern bestraft werden.

Gleiche Strafe trifft den fuer unfaehig erklaerten Eisenbahn-Beamten, wenn er sich nachher bei einer Eisenbahn oder dem Transportbetriebe auf derselben wieder anstellen laeßt, so wie diejenigen, welche ihn wieder angestellt haben, obwohl denselben die Unfaehigkeits-Erklaerung bekannt war.

Art. 213.

Wer vorsaetzlich Waßerleitungen, Schleusen, Wehre, Deiche, Daemme oder andere Waßerbauten, oder Bruecken, Faehren, Wege oder Schutzwehre zerstoert oder beschaedigt, oder wer in schiffbaren Stroemen, Flueßen oder Kanaelen das Fahrwaßer stoert und durch eine dieser Handlungen Gefahr fuer das Leben oder die Gesundheit Anderer herbeifuehrt, wird mit Gefaengniß nicht unter drei Monaten bestraft.

Hat die Handlung die schwere Koerperverletzung eines Menschen (Art. 126.) zur Folge gehabt, so tritt Zuchthaus bis zu fuenf Jahren, und hat in Folge der Handlung ein Mensch das Leben verloren, Zuchthaus von drei bis zu funfzehn Jahren ein.

Art. 214.

Wer vorsaetzlich die zur Sicherung der Schifffahrt bestimmten Feuerzeichen oder andere zu diesem Zweck aufgestellte Zeichen zerstoert, wegschafft oder unbrauchbar macht, oder dergleichen Feuerzeichen ausloescht, oder falsche Zeichen, welche geeignet sind, die Schifffahrt unsicher zu machen, aufstellt, oder zur Nachtzeit auf der Strandhoehe Feuer anzuendet, wird mit Gefaengnis nicht unter drei Monaten bestraft.

Ist infolge der Handlung ein Schiff gestrandet, so tritt Zuchthaus bis zu zehn Jahren, und hat dadurch ein Mensch das Leben verloren, Zuchthaus von fuenf bis zu funfzehn Jahren ein.

Art. 215.

Wer vorsaetzlich die Strandung oder das Sinken eines Schiffs bewirkt und dadurch Gefahr fuer das Leben eines Andern herbeifuehrt, wird mit Zuchthaus von fuenf bis zu zehn Jahren bestraft.

Hat in Folge der Handlung ein Mensch das Leben verloren, so tritt Zuchthaus von fuenf bis zu zwanzig Jahren ein.

Art. 216.

Wer vorsaetzlich Brunnen oder Waßerbehaelter, welche zum Gebrauche Anderer dienen, oder wer Sachen, welche zum oeffentlichen Verkaufe oder Verbrauche bestimmt sind, vergiftet oder denselben Stoffe beimischt, von denen ihm bekannt ist, daß sie die menschliche Gesundheit zu zerstoeren geeignet sind, imgleichen wer solche vergiftete oder mit gefaehrlichen Stoffen vermischte Sachen wißentlich und mit Verschweigung dieser Eigenschaft verkauft oder feil haelt, wird mit Zuchthaus bis zu zehn Jahren bestraft.

Hat in Folge der Handlung ein Mensch das Leben verloren, so ist die Strafe Zuchthaus von zehn bis zu zwanzig Jahren.

Art. 217.

Wer Lebensmittel oder Getraenke, von denen ihm bekannt ist, daß der menschlichen Gesundheit schaedliche Stoffe beigemischt sind, mit Verschweigung dieser Eigenschaft verkauft oder feil haelt, wird mit Gefaengniss von vier Wochen bis zu zwei Jahren bestraft.

Art. 218.

Wer die Absperrungs- oder Aufsichts-Maassregeln oder Einfuhrverbote, welche von der Regierung zur Verhuetung des Einfuehrens oder Verbreitens einer ansteckenden Krankheit angeordnet worden sind, uebertritt, wird mit Gefaengniss von vierzehn Tagen bis zu sechs Monaten bestraft.

Ist infolge der Uebertretung ein Mensch von der ansteckenden Krankheit ergriffen worden, so tritt Gefaengniss nicht unter sechs Wochen ein.

Art. 219.

Wer die Absperrungs- oder Aufsichts-Massregeln, oder Einfuhrverbote, welche von der Regierung zur Verhuetung des Einfuehrens oder Verbreitens von Viehseuchen angeordnet worden sind, uebertritt, wird mit Gefaengniss bis zu drei Monaten bestraft.

Ist in Folge der Uebertretung Vieh von der Seuche ergriffen worden, so tritt Gefaengnis nicht unter vier Wochen ein.

Art. 220.

Gegen diejenigen, welche wegen eines der in den Art. 203. 204. 205. 207. 208. 209. 216. genannten Verbrechen verurtheilt werden werden, kann zugleich auf Stellung unter besondere Polizeiaufsicht erkannt werden.

Dreiundzwanzigster Titel:

Verbrechen und Vergehen im Amte. *)

Art. 221.

Beamte, welche fuer eine in ihr Amt einschlagende, an sich nicht pflichtwidrige Handlung oder Unterlassung Geschenke oder

*) Anmerkung. Was die gemeinen Verbrechen und Vergehen betrifft, deren sich Beamte schuldig machen, so geht ein Beamter in allen Faellen seines Amtes verlustig, in welchen entweder auf Zuchthausstrafe (Art. 10, No. 1) oder auf Unfaehigkeit zur Ausuebung einer gewißen Kategorie von staatsbuergerlichen Rechten (Art. 52.) oder auf zeitige Untersagung der Ausuebung der staatsbuergerlichen Rechte (Art 18.) zu erkennen ist. Außer in diesen Faellen laßen

andere Vortheile annehmen, fordern oder sich versprechen laßen, zu denen sie gesetzlich nicht berechtigt sind, werden mit Geldstrafe bis zu Einhundert Thalern oder mit Gefaengnis bis zu sechs Monaten bestraft und zur Herausgabe des Empfangenen oder des Werths desselben an den Fiskus verurtheilt; es kann zugleich auf Entsetzung vom Amte erkannt werden.

Art. 222.

Beamte und Schiedsrichter, welche fuer eine Handlung oder Unterlaßung, die eine Verletzung ihrer amtlichen Pflicht enthaelt, Geschenke oder andere Vortheile annehmen, fordern oder sich versprechen laßen, werden mit Zuchthaus bis zu fuenf Jahren bestraft und zur Herausgabe des Empfangenen oder des Werths desselben an den Fiskus verurtheilt.

Art. 223.

Wer durch Anbieten, Versprechen oder Gewaehren von Geschenken oder anderen Vortheilen einen Beamten, ein Mitglied der bewaffneten Macht oder einen Schiedsrichter zu einer Handlung oder Unterlaßung, die eine Verletzung einer amtlichen Pflicht enthaelt, bestimmt oder zu bestimmen versucht, wird mit Gefaengniss nicht unter vier Wochen bestraft; es kann zugleich auf zeitige Untersagung der Ausuebung der staatsbuergerlichen Rechte erkannt werden.

Art. 224.

Hat sich ein Richter in einem Strafverfahren, welches ein Verbrechen oder Vergehen betrifft, oder ein Geschworener, zu Gunsten oder zum Nachtheil des Angeschuldigten bestechen laßen, so soll derselbe mit Zuchthaus bis zu zehn Jahren bestraft werden.

Ist der Angeschuldigte, zu deßen Nachtheil die Bestechung stattgefunden, zu mehr als zehn Jahren Zuchthaus verurtheilt

---

sich allerdings noch andere gemeine Verbrechen und Vergehen, namentlich gegen den Staat und gegen die Sittlichkeit denken, wo bei der eigentuemlichen Natur des Beamtenverhaeltnißes es im Intereße des Dienstes angemeßen erscheinen kann, den Beamten nicht ferner im Amte zu laßen. Indessen gehoert die Erwaegung und Entscheidung hierueber nicht in das allgemeine Strafgesetzbuch sondern in das Staatsdienergesetz. Eben dorthin gehoert auch die Entscheidung der Frage, ob ein Beamter, der zu einer mehr als einjaehrigen Freiheitsstrafe verurtheilt wird, schon deshalb allein, weil durch die Dauer der Strafe der Dienst leidet, seines Amtes entsetzt werden soll, wie dies fuer Preußen durch die Kabinets-Ordre vom 11ten Januar 1813 (Ges. Samml. von 1813 S. 5.) bestimmt ist.

worden, so soll der Richter oder Geschworene mit Zuchthaus von zehn bis zu zwanzig Jahren bestraft werden.

Gleiche Strafe, wie den Richter oder Geschworenen, trifft denjenigen, welcher den Richter oder Geschworenen besticht oder zu bestechen versucht.

Art. 225.

Beamte, welche ihre Amtsgewalt mißbrauchen, um Jemanden zu einer Handlung, Duldung oder Unterlaßung widerrechtlich zu noethigen, werden mit Gefaengniss nicht unter Einem Monat bestraft; zugleich kann auf Entsetzung vom Amte erkannt werden.

Art. 226.

Beamte, welche in Ausuebung oder in Veranlaßung der Ausuebung ihres Amts vorsaetzlich ohne rechtmaeßige Ursache Mißhandlungen oder Koerper-Verletzungen verueben oder verueben laßen, werden mit Gefaengniß nicht unter drei Monaten bestraft; auch kann gegen dieselben auf Entsetzung vom Amte erkannt werden.

Ist die Mißhandlung oder Koerperverletzung eine schwere (Art. 126) so tritt Zuchthaus von drei bis zu zwoelf Jahren ein.

Art. 227.

Beamte, welche eine Haussuchung vornehmen, oder vornehmen laßen, ohne dazu gesetzlich befugt zu sein, oder ohne dabei die in den Gesetzen vorgeschriebenen Formen zu beachten, werden mit Gefaengniss von Einem Monat bis zu Einem Jahre bestraft; auch kann gegen dieselben auf Entsetzung vom Amte erkannt werden.

Art. 228.

Beamte, welche eine Verhaftung vornehmen, oder vornehmen lassen, ohne dazu gesetzlich befugt zu sein, oder ohne dabei die in den Gesetzen vorgeschriebenen Formen zu beachten, werden mit Gefaengniss von einem Monat bis zu Einem Jahre bestraft; auch kann gegen dieselben auf Entsetzung vom Amte erkannt werden.

Art. 229.

Beamte, welche vorsaetzlich eine rechtswidrige Verhaftung vornehmen oder vornehmen laßen, oder die Dauer der Haft verlaengern, werden mit Zuchthaus bis zu fuenf Jahren bestraft.

Die Strafe ist Zuchthaus bis zu zwoelf Jahren:

1) wenn fuer den der Freiheit beraubten die Freiheitsentziehung oder die ihm waehrend derselben widerfahrene Behandlung

eine schwere Koerperverletzung (Art. 126.) zur Folge gehabt hat;

2) wenn die Freiheitsentziehung ueber einen Monat gedauert hat.

Art. 230.

Beamte der gerichtlichen oder der verwaltenden Polizei, welche der Aufforderung, eine gesetzwidrige und willkuehrliche Verhaftung zu bekunden, keine Folge geben und es unterlaßen, eine solche Verhaftung der hoeheren Behoerde anzuzeigen, werden mit Gefaengniss von Einem Monat bis zu Einem Jahre bestraft; auch kann gegen dieselben auf Entsetzung vom Amte erkannt werden.

Art. 231.

Beamte, welche vorsaetzlich zum Nachtheil einer Person, deren Unschuld ihnen bekannt ist, die Eroeffnung oder Fortsetzung einer strafgerichtlichen Untersuchung beantragen oder beschließen, werden mit Zuchthaus bis zu fuenf Jahren bestraft.

Ist die That, welche den Gegenstand der Untersuchung bildet, gesetzlich mit Zuchthaus bedroht, so ist die Strafe Zuchthaus bis zu zehn Jahren.

Art. 232.

Wenn Beamte, welche bei einer strafgerichtlichen Untersuchung mitzuwirken haben, Zwangsmittel anwenden oder anwenden laßen, um in Beziehung auf die Untersuchung Gestaendniße oder Aussagen zu erpreßen, so werden dieselben mit Zuchthaus bis zu fuenf Jahren bestraft.

Art. 233.

Ein Beamter, welcher eine Strafe vollstrecken laeßt, die entweder gar nicht oder nicht in dem Maaße, wie er sie vollstrecken laeßt, erkannt ist, wird mit Gefaengniß bis zu Einem Jahre bestraft; auch kann gegen denselben auf Entsetzung vom Amte erkannt werden.

Ist die Handlung vorsaetzlich veruebt, so tritt Zuchthaus bis zu fuenf Jahren ein, sofern nicht die hoehere Strafe im zweiten Absatze des Art. 229. zur Anwendung kommt.

Art. 234.

Beamte, welche vermoege ihres Amts bei Ausuebung der Strafgewalt oder bei Vollstreckung der Strafe mitzuwirken haben, werden mit Einschließung bis zu fuenf Jahren sowie mit Entsetzung vom Amte bestraft, wenn sie in der Absicht, Jemanden der gesetzlichen Strafe rechtswidrig zu entziehen:

1) die Verfolgung einer strafbaren Handlung unterlassen;
2) eine Handlung oder Unterlassung begehen, welche geeignet ist, eine Freisprechung oder eine dem Gesetze nicht entsprechende Behandlung zu bewirken, oder
3) die Vollstreckung der erkannten Strafe nicht betreiben, oder eine gelindere als die erkannte Strafe zur Vollstreckung bringen.

Art. 235.

Beamte, welchen die Aufbewahrung, Begleitung oder Bewachung eines Gefangenen anvertraut ist, werden im Falle der Entweichung oder Befreiung des Gefangenen,

1) wenn sie dieselbe durch ihre Fahrlaessigkeit befoerdert oder erleichtert haben, mit Gefaengniss von acht Tagen bis zu sechs Monaten,
2) wenn sie dieselbe vorsaetzlich bewirkt oder befoerdert haben, mit Einschliessung bis zu fuenf Jahren sowie mit Entsetzung vom Amte bestraft.

Art. 236.

Beamte, welche zum Nachtheil eines Andern Urkunden, zu deren Aufnahme oder Ausstellung sie vermoege ihres Amts berufen sind, unaecht verfertigen oder unwahr aufnehmen oder ausstellen, oder aechte Urkunden, welche vermoege ihres Amts in ihrer Gewahrsam sind, veraendern, werden mit Zuchthaus von fuenf bis zu funfzehn Jahren bestraft.

Art. 237.

Beamte, welche zum Nachtheil eines Andern Urkunden, welche sie vermoege ihres Amts in Besitz oder Gewahrsam haben, vernichten oder bei Seite schaffen, werden mit Zuchthaus von fuenf bis zu funfzehn Jahren bestraft.

Art. 238.

Beamte, welche Gelder oder andere Sachen, die sie in amtlicher Eigenschaft empfangen oder in Gewahrsam haben, unterschlagen, werden mit Zuchthaus bis zu fuenf Jahren bestraft.

Art. 239.

Sind in Beziehung auf eine Unterschlagung die zur Eintragung oder Kontrolle der Einnahmen oder Ausgaben bestimmten Rechnungen, Register oder Buecher unrichtig gefuehrt, verfaelscht oder unterdrueckt, oder sind unrichtige Abschlueße oder Auszuege aus diesen Rechnungen, Registern oder Buechern, oder unrichtige Belaege zu denselben vorgelegt, oder ist auf den Faeßern, Beuteln oder Paketen der Geld-Inhalt faelschlich bezeichnet, so ist die Strafe Zuchthaus von drei bis zu zehn Jahren.

Art. 240.

Beamte, welche Gebuehren oder andere Verguetungen fuer amtliche Verrichtungen zu ihrem Vortheil zu erheben haben, werden, wenn sie Gebuehren oder Verguetungen erheben, von denen sie wissen, dass die Zahlenden sie gar nicht oder nur in geringerem Betrage verschulden, mit Geldstrafe bis zu Einhundert Thalern oder mit Gefaengniss bis zu Einem Jahre bestraft; es kann zugleich auf Entsetzung vom Amte erkannt werden.

Art. 241.

Beamte, welche Steuern, Gebuehren oder andere Abgaben fuer eine oeffentliche Kasse zu erheben haben, werden, wenn sie Abgaben, von denen sie wissen, dass der Zahlende sie gar nicht oder nur in geringerem Betrage verschuldet, erheben und das rechtswidrig Erhobene ganz oder zum Theil nicht zur Kasse bringen, mit Gefaengniss nicht unter drei Monaten bestraft; auch kann gegen dieselben auf Entsetzung vom Amte erkannt werden.

Eine gleiche Strafe haben Beamte verwirkt, welche bei amtlichen Ausgaben an Geld oder Naturalien dem Empfaenger vorsaetzlich und rechtswidrig Abzuege machen und die Ausgaben als vollstaendig geleistet in Rechnung stellen.

Art. 242.

Postbeamte, welche die der Post anvertrauten Briefe unbefugt eroeffnen, unterdruecken oder einem Andern bei einer solchen Handlung wissentlich Huelfe leisten, werden mit Gefaengniss von Einem Monat bis zu Einem Jahr bestraft; auch kann gegen dieselben auf Entsetzung vom Amte erkannt werden.

Art. 243.

Gerichtliche Anwalte oder andere oeffentlich bestellte Rechtsbeistaende, welche bei den ihnen vermoege ihrer amtlichen Eigenschaft anvertrauten Angelegenheiten in derselben Rechtssache beiden Partheien durch Rath oder Beistand dienen, werden mit Gefaengniss nicht unter drei Monaten bestraft.

Handeln dieselben vorsaetzlich im Einverstaendniss mit der Gegenparthei zum Nachtheil ihrer Klienten, so tritt Zuchthaus bis zu fuenf Jahren ein.

Art. 244.

Die Vorschriften dieses Titels finden Anwendung auf alle oeffentlichen Beamten, sie moegen im unmittelbaren oder mittelbaren Staatsdienste stehen, auf Lebenszeit oder nur zeitweise oder vorlaeufig angestellt sein, einen Diensteid geleistet haben oder nicht.

Nehmen Personen, welche keine Beamten sind, an einem der in diesem Titel bezeichneten Verbrechen oder Vergehen Theil, so werden sie mit der fuer das Amtsverbrechen oder Amtsvergehen angedrohten Geld- oder Freiheitsstrafe belegt.

Dritter Theil.

Von den Uebertretungen.

Erster Titel.

Von der Bestrafung der Uebertretungen im Allgemeinen.

Art. 245.

Als Uebertretungen sind nur solche Handlungen oder Unterlassungen zu bestrafen, welche durch Gesetze oder gesetzlich erlassene Verordnungen der Behoerden unter Strafe gestellt sind.

Art. 246.

Die Strafen der Uebertretungen sind folgende:

1) Polizeihaft;

2) Geldstrafe bis zu zehn Thalern.

3) Konfiskation einzelner Gegenstaende.

Art. 247.

Die Polizeihaft besteht in einfacher Freiheitsentziehung.

Die Dauer der Polizeihaft soll mindestens einen Tag, zu vier und zwanzig Stunden gerechnet, und hoechstens acht Tage betragen.

Art. 248.

Das niedrigste Maass der Geldstrafe ist zehn Silbergroschen.

An die Stelle einer Geldstrafe, welche wegen Unvermoegens des Verurtheilten nicht beigetrieben werden kann, soll Polizeihaft treten.

Die Dauer derselben soll vom Richter so bestimmt werden, daß an die Stelle einer Geldstrafe von zehn Silbergroschen bis zu einem Thaler Ein Tag Polizeihaft und an die Stelle einer Geldstrafe von mehreren Thalern eine Polizeihaft von eben so viel Tagen tritt; die Polizeihaft darf jedoch auch in diesem Falle niemals die Dauer von acht Tagen uebersteigen.

Art. 249.

Eine Uebertretung ist nicht vorhanden:

1) wenn der Thaeter zur Zeit der That die Vernunft nicht besaß oder die freie Willensbestimmung desselben durch eine Noethigung, welcher er nicht widerstehen konnte, ausgeschlossen war;
2) wenn die That durch die Notwehr geboten war;
3) wenn der Thaeter zur Zeit der That das zwoelfte Lebensjahr noch nicht zurueckgelegt hatte.

Art. 250.

Der Versuch einer Uebertretung und die Theilnahme an einer Uebertretung sind straflos.

Wegen Rueckfalls findet eine Erhoehung der Strafe ueber das hoechste Maass nicht statt.

Art. 251.

Wenn ein und dieselbe Handlung die Merkmale mehrerer Uebertretungen in sich vereinigt, so kommt das Strafgesetz zur Anwendung, welches die schwerste Strafe androht.

Art. 252.

Hat Jemand mehrere Uebertretungen begangen, so kommen die saemmtlichen dadurch begruendeten Strafen zur Anwendung.

Die Strafe einer Uebertretung wird dadurch nicht ausgeschlossen, dass der Thaeter ausser der Uebertretung auch noch Verbrechen oder Vergehen begangen hat.

Art. 253.

Die Uebertretungen verjaehren in sechs Monaten, von dem Tage gerechnet, an welchem sie begangen worden.

Ist innerhalb dieser Frist ein richterliches Erkenntniss erfolgt, welches das Strafverfahren nicht beendigt oder gegen welches ein Rechtsmittel eingelegt ist, so tritt die Verjaehrung erst nach Ablauf von sechs Monaten seit dem Tage des Erkenntnisses ein.

Art. 254.

Rechtskraeftig erkannte Strafen wegen Uebertretungen verjaehren in einem Jahre vom Tage der Rechtskraft des Erkenntnisses.

Zweiter Titel.

Uebertretungen in Beziehung auf die Sicherheit des Staats und die oeffentliche Ordnung.

Art. 255.

Mit Polizeihaft bis zu acht Tagen oder Geldstrafe bis zu zehn Thalern wird bestraft:

1) wer ohne besondere Erlaubniss Risse von Festungen oder einzelnen Festungswerken Deutschlands aufnimmt;

2) wer ausserhalb seines Gewerbebetriebes heimlich oder wider das Verbot der Behoerde Vorraethe von Waffen oder Munition aufsammelt;

3) wer ohne schriftlichen Auftrag einer Behoerde Stempel, Siegel, Stiche, Platten oder andere Formen, welche zur Anfertigung von Metall- oder Papiergeld, Stempelpapier oder oeffentlichen Bescheinigungen oder Beglaubigungen dienen koennen, anfertigt, oder solche Stempel, Siegel oder Abdruecke derselben an einen andern, als die Behoerde verabfolgt;

4) wer unbefugt eine Uniform, eine Amtskleidung, ein Amtszeichen, einen Orden oder ein Ehrenzeichen traegt, wer unbefugt Titel, Wuerden oder Standesauszeichnungen annimmt, oder wer eines Namen, der ihm nicht zukommt, sich bedient;

5) wer die zur oeffentlichen Bekanntmachung angeschlagenen Verordnungen, Befehle, Patente oder Anzeigen einer Behoerde oder eines Beamten abreißt, beschaedigt oder verunstaltet;

6) wer unzuechtige Schriften, bildliche Darstellungen oder Abbildungen oeffentlich anheftet, ausstellt, umhertraegt oder feilbietet.

Die in No. 1. 2. 3. und 5. erwaehnten Riße von Festungen oder Festungswerken, Vorraethe von Waffen oder Munition, die Siegel, Stempel und andere Formen, so wie die ausgestellten und zum Verkaufe oder Verbreitung vorraethigen Schriften, Darstellungen oder Abbildungen sind zu konfiszieren.

Art. 256.

Wer innerhalb der Gemeinde seines Wohnorts bettelt, waehrend er die Mittel zu seinem Unterhalte entweder selbst besitzt oder von seiner Familie oder Behoerde empfaengt, oder zur Betreibung eines Geschaefts oder einer Arbeit faehig ist, wird mit Polizeihaft bis zu acht Tagen bestraft.

Dieselbe Strafe haben unter gleichen Voraussetzungen Eltern verwirkt, welche ihre Kinder zum Betteln anweisen.

Art. 257.

Mit Geldstrafe bis zu fuenf Thalern oder Polizeihaft bis zu fuenf Tagen wird bestraft

1) wer ungebuehrlicherweise ruhestoerenden Laerm erregt;

2) wer oeffentlich Thiere boshaft quaelt oder roh mißhandelt;

3) wer an oeffentlichen Wegen oder Plaetzen, oder in oeffentlichen Versammlungsorten Hazardspiele haelt;

4) wer bei Ungluecksfaellen oder bei einer gemeinen Gefahr oder Noth von der Polizeibehoerde oder deren Stellvertreter zur Huelfe aufgefordert, keine Folge leistet, obgleich er der Aufforderung ohne erhebliche eigene Gefahr genuegen kann.

Die bei einem verbotenen Spiel (No. 3.) auf dem Spieltisch und in der Bank befindlichen Gelder sind zu konfisziren.

Art. 258.

Wer in Schankstuben oder an oeffentlichen Vergnuegungsorten zu einer von der Polizei verbotenen Zeit verweilt, wird mit Geldstrafe bis zu fuenf Thalern bestraft.

Die Wirthe, welche das Verweilen ihrer Gaeste zu einer von der Polizei verbotenen Zeit dulden, haben eine gleiche Strafe verwirkt.

Dritter Titel.

Uebertretungen in Beziehung auf die persoenliche Sicherheit, Ehre und Freiheit.

Art. 259.

Mit Geldstrafe bis zu fuenf Thalern wird bestraft:

1) wer in Staedten oder Doerfern uebermaeßig schnell faehrt oder reitet oder auf oeffentlichen Straßen oder Plaetzen der Staedte oder Doerfer Pferde einfaehrt oder zureitet;

2) wer auf oeffentlichen Straßen oder Wegen das Vorbeifahren Anderer muthwillig verhindert;

3) wer in Staedten mit Schlitten ohne feste Deichsel oder ohne Gelaeute oder Schelle faehrt;

4) wer Thiere in Staedten oder Doerfern, auf oeffentlichen Straßen oder Plaetzen, oder an andern Orten, wo sie durch Ausreißen, Schlagen oder auf andere Weise Schaden anrichten koennen, mit Vernachlaeßigung der erforderlichen Sicherheitsmaßregeln stehen laeßt;

5) wer Steine oder andere harte Koerper oder Unrath gegen fremde Haeuser, Gebaeude oder Einschließungen, oder in Gaerten oder eingeschloßene Raeume oder auf Pferde oder andere Zug oder Lastthiere wirft;

6) wer nach einer oeffentlichen Straße oder nach Orten hinaus, wo Menschen zu verkehren pflegen, Sachen, durch deren Umstuerzen oder Herabfallen Jemand beschaedigt werden kann, ohne gehoerige Befestigung aufstellt oder aufhaengt, oder Sachen auf eine Weise ausgießt oder auswirft, daß dadurch die Voruebergehenden beschaedigt oder verunreinigt werden koennen;

7) wer auf oeffentlichen Straßen oder Plaetzen Gegenstaende, welche den Durchgang hindern, niederlegt oder liegen laeßt;

8) wer der polizeilichen Aufforderung, Gebaeude, welche den Einsturz drohen, auszubeßern oder niederzureißen, keine Folge leistet;

9) wer die zur Erhaltung der Sicherheit, Bequemlichkeit, Raeumlichkeit und Ruhe auf den oeffentlichen Straßen, Wegen und Plaetzen erlassenen Polizeiordnungen uebertritt.

Art. 260.

Mit Geldstrafe bis zu zehn Thalern wird bestraft:

1) wer ohne polizeiliche Erlaubnis Gift oder Arzeneien, so weit deren Handel nicht durch besondere Verordnungen freigegeben ist, verkauft;

2) wer ohne besondere Erlaubnis Schießpulver oder andere explodirende Stoffe oder Feuerwerke zubereitet oder feil haelt;

3) wer bei der Aufbewahrung oder bei dem Transport von Giftwaaren, Schießpulver oder anderen explodirenden Stoffen oder Feuerwerken oder bei Ausuebung der Befugniss zur Zubereitung oder Feihaltung dieser Gegenstaende, so wie der Arzeneien die deshalb ergangenen Verordnungen nicht befolgt, unbeschadet der besonderen Strafbestimmungen, welche in diesen Verordnungen enthalten sind;

4) wer verfaelschte oder verdorbene Getraenke oder Eßwaaren feil haelt;

5) wer ohne polizeiliche Erlaubniß an bewohnten oder von Menschen besuchten Orten Selbstgeschoße, Schlageisen oder Fußangeln legt, oder an solchen Orten mit Feuergewehr oder anderem Schießgewehr schießt;

6) wer ohne polizeiliche Erlaubniss gefaehrliche wilde Thiere haelt, oder wilde oder boesartige Thiere frei herumlaufen laeßt oder in Ansehung ihrer die erforderlichen Vorsichtsmaßregeln zur Verhuetung von Beschaedigungen unterlaeßt;

7) wer auf oeffentlichen Straßen, Wegen oder Plaetzen, auf Hoefen, in Haeusern oder ueberhaupt an Orten, wo Menschen hinkommen, Brunnen, Keller, Gruben, Oeffnungen oder Abhaenge dergestalt unbedeckt oder unverwahrt laeßt, daß daraus Gefahr fuer Andere entstehen kann;

8) wer Bauten und Reparaturen von Gebaeuden, Brunnen, Bruecken, Schleusen oder anderen Bauwerken vornimmt, ohne

die von der Polizei angeordneten oder sonst erforderlichen Sicherungs-Maaßregeln zu treffen;

9) ein Bauherr, Baumeister oder Bauhandwerker, welcher einen Bau oder eine Reparatur, wozu die polizeiliche Genehmigung erforderlich ist, ohne diese Genehmigung oder mit eigenmaechtiger Abweichung von dem durch die Behoerde genehmigten Bauplane ausfuehrt oder ausfuehren laeßt.

In den Faellen der Nummern 1. 2. 3. 4. und 5. sind das Gift, die Arzeneien, das Schießpulver oder die anderen explodirenden Stoffe und Feuerwerke, die verfaelschten oder verdorbenen Getraenke und Eßwaaren, imgleichen die Selbstgeschoße, Schlageisen und Fußangeln zu konfisziren.

Art. 261.

Mit Polizeihaft bis zu acht Tagen oder Geldstrafe bis zu zehn Thalern wird bestraft:

1) wer einen Andern, ohne dazu gereizt worden zu sein, durch Rede, Zeichen, Schrift oder Abbildung beleidigt;

2) wer in die Wohnung, das Geschaeftszimmer oder das befriedigte Besitzthum eines Andern, oder in abgeschloßene Raeume, welche zum oeffentlichen Dienste bestimmt sind, widerrechtlich eindringt, oder, wenn er ohne Befugniss darin verweilt, auf geschehene Aufforderung sich nicht entfernt;

3) wer Hunde auf Menschen hetzt;

4) wer vorsaetzlich Steine, harte Koerper, Schmutz oder Unrath auf Menschen wirft.

Vierter Titel.

Uebertretungen in Bezug auf das Vermoegen.

Art. 262.

Mit Geldstrafe bis zu fuenf Thalern wird bestraft.

1) wer das Raupen, insofern dies durch gesetzliche oder polizeiliche Anordnungen geboten ist, unterlaeßt;

2) wer den polizeilichen Anordnungen ueber die Schließung der Weinberge entgegenhandelt;

3) wer ohne polizeiliche Erlaubniss eine neue Feuerstaette errichtet oder eine bereits vorhandene an einen andern Ort verlegt;

4) wer es unterlaeßt, dafuer zu sorgen, daß die Feuerstaetten in seinem Hause in baulichem und brandsicherm Zustande unterhalten oder die Schornsteine zur rechten Zeit gereinigt werden;

5) wer Waaren, Materialien oder andere Vorraethe, welche sich leicht von selbst entzuenden, oder leicht Feuer fangen, an Orten oder in Behaeltnißen aufbewahrt, wo ihre Entzuendung gefaehrlich werden kann, oder wer Stoffe, die nicht ohne Gefahr einer Entzuendung bei einander liegen koennen, ohne Absonderung aufbewahrt;

6) wer Scheunen, Staelle Boeden oder andere Raeume welche zur Aufbewahrung feuerfangender Sachen dienen, mit unverwahrtem Licht betritt, oder sich denselben mit unverwahrtem Feuer oder Licht naehert;

7) wer an gefaehrlichen Stellen in Waeldern oder Haiden oder in gefaehrlicher Naehe von Gebaeuden oder feuerfangenden Sachen Feuer anzuendet;

8) wer in gefaehrlicher Naehe von Gebaeuden oder feuerfangenden Sachen mit Feuergewehr schießt oder Feuerwerk abbrennt;

9) Wer die polizeilich vorgeschriebenen Feuerloeschgeraethschaften entweder gar nicht oder nicht in brauchbarem Zustande haelt, oder andere feuerpolizeiliche Anordnungen nicht befolgt.

Art. 263.

Mit Geldstrafe bis zu zehn Thalern werden bestraft:

1) Schloßer, welche ohne Genehmigung des Inhabers einer Wohnung Schlueßel zu Zimmern oder Behaeltnißen anfertigen, oder Schloeßer an denselben oeffnen, oder ohne Genehmigung des Hausbesitzers oder seines Stellvertreters einen Hausschlueßel anfertigen, oder ohne Erlaubniss der Polizeibehoerde Nachschlueßel oder Dietriche verabfolgen;

2) Gewerbetreibende, bei denen ein zum Gebrauche in ihrem Gewerbe geeignetes, mit dem Stempel eines inlaendischen Eichungsamts nicht versehenes Maaß oder Gewicht, oder eine unrichtige Waage vorgefunden wird, oder welche sich einer andern Uebertretung der Vorschriften ueber die Maaß- und Gewichts-Polizei schuldig machen;

3) Gastwirthe oder Vermiether moeblirter Zimmer, welche es unterlassen, den Namen, das Gewerbe und den Wohnort, so wie den Tag der Ankunft und der Abreise derjenigen Personen, welche eine Nacht in ihrem Hause zugebracht haben, in ein regelmaeßig gefuehrtes Register einzutragen.

4) Gewerbetreibende, welche in Feuer arbeiten, wenn sie die Vorschriften nicht befolgen, welche von der Polizeibehoerde wegen Anlegung und Verwahrung ihrer Werkstaetten, so wie wegen der Art und der Zeit, sich des Feuers bedienen, erlassen sind.

Im Falle der No. 2. sollen die ungeeichten Maaße und Gewichte so wie die unrichtige Waage, confisciert werden.

Art. 264.

Mit Polizeihaft bis zu acht Tagen oder Geldbuße bis zu zehn Thalern wird bestraft:

1) wer ausser den in dem zwanzigsten Titel des zweiten Theils vorgesehenen Faellen vorsaetzlich die Sache eines Andern beschaedigt;

2) wer unbefugt ueber bestellte Aecker, Gaerten, Weinberge, Wiesen, Weiden oder Schonungen, welche mit einer Einfriedigung versehen sind oder deren Betreten durch Warnungszeichen untersagt ist, geht, reitet, faehrt oder Vieh treibt; jedoch unbeschadet der besonderen Bestimmungen, welche hierueber, so wie ueber Weidfrevel, in den Feldpolizeiordnungen enthalten sind;

3) wer unbefugt ein fremdes Grundstueck, oder einen oeffentlichen oder Privatweg durch Abgraben oder Abpfluegen verringert;

4) wer unbefugt von oeffentlichen oder Privatwegen Erde, Steine oder Rasen, oder aus Grundstuecken, welche einem Andern zugehoeren, Erde, Lehm, Sand, Grund oder Mergel graebt oder Steine, Rasen, Duenger oder aehnliche Materialien wegnimmt;

5) wer ohne gesetzlich erschwerende Umstaende des Diebstahls Fruechte, Esswaaren oder Getraenke entwendet und auf der Stelle verzehrt;

6) wer ohne einen der im Art. 154. angefuehrten Umstaende Fruechte oder andere Erzeugnisse der Erde, ehe sie geaerndtet sind, vom Felde frevelt;

7) wer von einem zum Dienststande gehoerenden Unteroffizier oder Gemeinen, ohne die schriftliche Erlaubniss des vorgesetzten Kommandeurs, Montirungs- oder Armaturstuecke kauft oder zum Pfande nimmt;

8) wer die bei den Uebungen der Artillerie verschossene Eisenmunition widerrechtlich sich zueignet;

9) ein Pfandleiher, welcher bei Ausuebung seines Gewerbes den darueber gesetzlich erlassenen Anordnungen entgegenhandelt,

Inhalt und Sachregister.

Vorbemerkung.

Sowohl Sachregister, wie Inhaltsübersicht fehlen beim Entwurf.

Das Sachregister enthält die Stichworte zu den Verbrechen, Vergehen und Übertretungen, soweit sich in unserem heutigen Strafrecht Einzelbezeichnungen herausgebildet haben. Es sind daher die einzelnen Delikte unter den gegenwärtigen technischen Ausdrücken aufgeführt, aber dort, wo der Entwurf eigene Terminologie hat, wie z. B. bei Mißhandlung und Körperverletzung, sind auch diese eingeschaltet und möglichst durch Verweisungen auf die anderen Stellen gekennzeichnet. Fehlende Bestimmungen — wie über einfachen Hausfriedensbruch — sind naturgemäß nicht aufgenommen. Sie sind in der tabellarischen Übersicht des Anhangs zu dem folgenden beschreibenden Teil: „Der Entwurf 1849 als Bindeglied des deutschen Strafrechts" enthalten. Auf Vollständigkeit macht das Register keinen Anspruch.

Die Inhaltsübersicht bringt eine Zusammenstellung der Überschriften mit Verweisung auf die einzelnen Seiten und Artikel.

Inhalt.

Sachregister.

(Die Zahlen bezeichnen die Artikel.)

Kolibri 360 GmbH
Ferdinand-Jühlke-Straße 7
99095 Erfurt, Deutschland
produktsicherheit@kolibri360.de